Uni-Taschenbücher 114

D1731877

Eine Arbeitsgemeinschaft der Verlage

Wilhelm Fink Verlag München
Gustav Fischer Verlag Stuttgart
Francke Verlag Tübingen
Paul Haupt Verlag Bern und Stuttgart
Dr. Alfred Hüthig Verlag Heidelberg
Leske Verlag + Budrich GmbH Opladen
J. C. B. Mohr (Paul Siebeck) Tübingen
R. v. Decker & C. F. Müller Verlagsgesellschaft m. b. H. Heidelberg
Quelle & Meyer Heidelberg · Wiesbaden
Ernst Reinhardt Verlag München und Basel
F. K. Schattauer Verlag Stuttgart · New York
Ferdinand Schöningh Verlag Paderborn · München · Wien · Zürich
Eugen Ulmer Verlag Stuttgart
Vandenhoeck & Ruprecht in Göttingen und Zürich

Reinhard Bornkamm

Die Pflanze

Eine Einführung in die Botanik

Dritte, überarbeitete Auflage
105 Abbildungen

Verlag Eugen Ulmer Stuttgart

REINHARD BORNKAMM (geb. 1931) ist Professor für Botanik am Institut für Ökologie (Fachbereich Landschaftsentwicklung) der Technischen Universität Berlin. 1949–1957 Studium der Biologie, Chemie und Physik in Heidelberg, Tübingen und Göttingen. Promotion 1957 mit einem pflanzenökologischen Thema. Arbeitete als Assistent in Göttingen 1957–1959 auf dem Gebiet des Wasserhaushaltes und der Pflanzensoziologie, in Hohenheim 1959–1960 auf dem Gebiet der Konkurrenzökologie, in Göttingen von 1960 bis zur Habilitation 1965 auf dem Gebiet der Stoffwechselphysiologie. Seitdem war Pflanzenökologie das Arbeitsgebiet als Privatdozent ab 1965 bzw. als Wiss. Rat und Professor ab 1966 in Köln und seit 1968 an der TU Berlin.

CIP-Kurztitelaufnahme der Deutschen Bibliothek

Bornkamm, Reinhard:
Die Pflanze: Eine Einführung in die Botanik /
Reinhard Bornkamm. – 3., überarb. Aufl. –
Stuttgart: Ulmer, 1990.
  (Uni-Taschenbücher; 114)
  ISBN 3-8001-2622-2

© 1973, 1990 Eugen Ulmer GmbH & Co.
Wollgrasweg 41, 7000 Stuttgart 70 (Hohenheim)
Printed in Germany
Lektorat: Dr. Steffen Volk
Herstellung: Thomas Eisele
Einbandgestaltung: Alfred Krugmann
Satz: Setzerei Lihs, Ludwigsburg
Druck und Bindung: F. Pustet, Regensburg

Vorwort

Die Notwendigkeit der dritten Auflage bezeugt, daß dieser Band in dem weiterhin wachsenden Kreis der Botanikbücher seinen Platz gefunden hat. Die Gelegenheit der Neubearbeitung wurde benutzt, um mißverständliche Formulierungen zu präzisieren, bestimmte Aussagen auf den neuen Stand der Kenntnis zu bringen und Abbildungen zu verbessern. Eine stärkere Umgestaltung hat das letzte Kapitel erfahren. Im Zweifelsfall wurde der Übersichtlichkeit der Vorzug vor der Vollständigkeit gegeben.

Ich möchte den Vorschlag wiederholen, daß die Leser dieses Buches lebende Pflanzen in Reichweite halten sollten, insbesondere Bohne und Mais, auf die immer wieder Bezug genommen wird. Sie können damit den ersten Schritt zu eigenen Beobachtungen tun, für die dieser Band das theoretische Rüstzeug liefern soll. Das Register wurde wieder sehr ausführlich gehalten, um einerseits den Übergang zu größeren, anders strukturierten Büchern zu erleichtern und andererseits den sehr gedrängten Inhalt dieses Bandes besser zu erschließen und dadurch als Lernhilfe zu dienen.

Herrn Roland Ulmer und seinen Mitarbeitern danke ich wieder für die sorgfältige Betreuung und Gestaltung der Neuauflage.

Berlin, Frühjahr 1990   Reinhard Bornkamm

Inhaltsverzeichnis

Einleitung

Die wissenschaftliche Botanik wurzelt in vielfältigen Beziehungen zwischen ihrem Urheber, dem Menschen, und ihrem Objekt, der Pflanzenwelt. Elementar ist der biologische Zusammenhang des Menschen als Teil der belebten Natur mit den übrigen Teilen. Ihm entspringen uralte ethische, mythische, ja religiöse Vorstellungen. Grundlegend ist ebenfalls die Beziehung zur Pflanzenwelt als Nahrungsquelle: Da viele Pflanzen aus rein anorganischen Stoffen ihre körpereigenen, organischen Substanzen zu produzieren vermögen, beruht auf ihnen das Leben der übrigen Organismen, die organische Substanzen als Nahrung benötigen. Diese Abhängigkeit teilt der Mensch mit der übrigen Tierwelt und mit einem Teil der Pflanzenwelt selbst. Spezifisch menschlich ist die Beziehung zu den Pflanzen als Lieferanten von Genuß- und Heilmitteln sowie von Rohstoffen und Ausgangsmaterial für die handwerkliche, gewerbliche und industrielle Tätigkeit. In allen diesen Bereichen entwickelte sich die wissenschaftliche Betrachtungsweise, die dem Erkenntnistrieb genügt. Ihr steht seit jeher die künstlerisch-ästhetische Beziehung zur Seite.

Für den prähistorischen Menschen, der pflanzliche Produkte durch Sammeln, später durch Anbau, erwarb, überwog die praktische Bedeutung der Pflanzenwelt. Die Wissenschaft entstand erst im griechischen Altertum im Rahmen der Entwicklung der Naturphilosophie. ARISTOTELES (384–322 v. Chr.) und sein Schüler THEOPHRAST (371–286 v. Chr.) haben als erste eine theoretische Botanik entworfen. In den folgenden Jahrhunderten stand vor allem die Arzneipflanzenkunde im Vordergrund, bis sich schließlich mit Beginn der Neuzeit die botanische Wissenschaft neu entwickelte. Hier stand man zunächst vor der großen Aufgabe, die ungeheure Formenfülle der auf der Erde vorhandenen Arten schematisch zu ordnen. Dieses Problem fand in dem umfassenden System von C. VON LINNÉ (1707–1778) eine erste Lösung. Die systematische Botanik entwickelte sich Hand in Hand mit der Morphologie und, nach der Erfindung des Mikroskops im 17. Jahrhundert, der Anatomie der Pflanzen. Der Gedanke der Entwicklung der Pflanzen im Laufe der Erdgeschichte bekam durch die Evolutionstheorie von DARWIN (1809–1882) seinen Inhalt. Durch die Einsicht in die Bedeutung des Experiments für jede Naturwissenschaft, also auch für die Botanik, entstand die experimentelle Erforschung der Lebensprozesse, die Pflanzenphysiologie (erster Versuch durch VAN HELMONT, 1577–1644). Sie war und ist bis heute eng an die Entwicklung der Chemie gebunden. Die Ansammlung systematischer Kenntnisse ermöglichte die Entwicklung der Pflanzengeographie, die Ansammlung physiologischer Kenntnisse die Entwicklung der Ökologie, die die Beziehungen zwischen den Pflanzen und ihrer Umwelt erforscht. Die Entdeckung der Vererbungsgesetze durch MENDEL (1822–1884) begründete die klassische Genetik. Im 20. Jahrhundert ist sowohl eine Ausweitung der Forschung in die Breite als auch der Erwerb grundsätzlich neuer Erkenntnisse zu beobachten. In der Elektronenmikroskopie nähert sich die Anatomie dem molekularen Bereich. Die chemische Kenntnis vom Bau der Makromoleküle in Pflanzen und Tieren ließ in den letzten 20 Jahren die Molekularbiologie entstehen, die die Stoffwechsel-, Entwicklungs- und Vererbungsvorgänge der Zelle auf molekularer Basis zu erklären sucht.

Auch die Zweige der angewandten Botanik, wie die Forst-, Gartenbau- und Landwirtschaftswissenschaften, sind im Laufe des 19. Jahrhunderts zu eigenen Wissenschaftszweigen geworden. Das industrielle Zeitalter hat in der Produktion wie in der Energiewirtschaft (auch Kohle und Erdöl verdanken ihre Existenz pflanzlicher Lebenstätigkeit!) zu einer ungeheuer verstärkten Ausnutzung pflanzlicher Rohstoffe geführt, weist aber in zweierlei Weise über diesen Zustand hinaus: Erstens werden wenigstens teilweise pflanzliche Substanzen durch andere ersetzt (z. B. synthetische Fasern, Kunststoffe, Atomenergie); zweitens führen unbeabsichtigte Nebenwirkungen des modernen Lebens durch Umweltverseuchung zur Gefährdung der pflanzlichen Hilfsquellen des Menschen.

Es hat sich daher im Bereich der Botanik im weitesten Sinne eine Aufspaltung in zahlreiche Berufe und dementsprechend auch in eine ganze Anzahl von Ausbildungsgängen ergeben, während die Forschung auf allen Gebieten zu einem einheitlichen Gebäude unserer Kenntnisse über Pflanzen beiträgt. Dieses Gebäude kann auf verschiedenen Verständnisniveaus studiert werden. In dem vorliegenden Bändchen kann nur eine Kenntnis der allgemeinen Grundzüge der Theorien wie auch der fachlichen Terminologie angestrebt werden. Sie soll die Möglichkeit schaffen, ja vielleicht sogar das Bedürfnis wecken, das Studium mit Hilfe umfangreicherer und spezieller Lehrbücher fortzusetzen. Während zahlreiche Bücher über Teilgebiete der Botanik (wie Cytologie, Pflanzenphysiologie, Pflanzensystematik, Pflanzenökologie u. a.) hier nicht einzeln aufgeführt werden kann, seien folgende Werke als Beispiele für den Gesamtbereich der Botanik genannt:

DENFFER, D. VON, ZIEGLER, H., EHRENDORFER, F., BRESINSKY, A.: Strasburgers Lehrbuch der Botanik für Hochschulen. G. Fischer, Stuttgart 1983, 32. Aufl., 1161 Seiten.

JACOB, F., JÄGER, E. J., OHMANN, E.: Kompendium der Botanik. VEB G. Fischer, Jena 1981, 494 Seiten.

LÜTTGE, U., KLUGE, M., BAUER, G.: Botanik. Ein grundlegendes Lehrbuch. Verlag Chemie, Weinheim 1988, 577 Seiten.

NULTSCH, W.: Allgemeine Botanik. Thieme, Stuttgart 1986, 8. Aufl., 544 Seiten.

RAVEN, P.-H., EVERT, R. F., CURTIS, H.: Biologie der Pflanzen. De Gruyter, Berlin 1985, 764 Seiten.

STEUBING, L., SCHWANTES, H. O.: Ökologische Botanik (UTB 888). Quelle & Meyer, Heidelberg 1981, 408 Seiten.

1 Bau und Leistung von Samenpflanzen

Mit dem Ausdruck **Pflanze** belegt die wissenschaftliche Botanik jedes Mitglied der Pflanzenwelt, gleichgültig, ob es sich um Mikroorganismen oder höher organisierte Gebilde handelt. Im ursprünglichen Wortsinne wurden, abgeleitet vom lateinischen planta, mit diesem Begriff nur die höchstentwickelten Pflanzen bezeichnet – die man „pflanzen" kann. Auch heute noch wird er von Laien häufig in diesem einschränkenden Sinne verwendet und bezieht sich vornehmlich auf jene Gruppe von Gewächsen, die die Systematik unter dem Begriff Samenpflanzen zusammenfaßt (Abt. Spermatophyta, s. Seite 152 ff.). In der Tat tritt uns diese Gruppe besonders augenfällig entgegen, insbesondere demjenigen, der sich erst mit der Botanik zu beschäftigen beginnt. Sie ist gemessen an der Zahl der Arten, an dem Anteil an der Vegetation und an der praktischen Bedeutung die wichtigste Pflanzengruppe und soll daher im Vordergrund unserer Betrachtung stehen, während andere Organisationsformen erst später behandelt werden (s. Seite 128 ff.). Ihr Körper besteht aus drei Organen, nämlich
1. der Sproßachse (= Stengel),
2. den Blättern und
3. der Wurzel.

Abb. 1. Samen von *Ricinus communis* in Aufsicht (links), in gleicher Position, aber obere Hälfte entfernt (Mitte) und im Querschnitt senkrecht dazu (rechts).

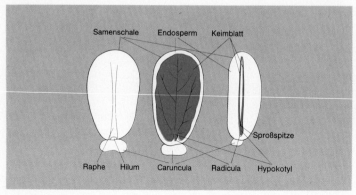

Sproßachse und Blätter bilden zusammen den Sproß; das ganze, aus den drei genannten Organen bestehende Gebilde wird **Kormus** genannt (vgl. Abb. 41, s. Seite 66). Diese zunächst einfach erscheinende Aussage enthält die Konsequenz, daß alle, auch die eigentümlichsten, Formen von Pflanzenorganen als spezielle Ausbildungen von Blättern, Sproßachsen oder Wurzeln zu deuten sind.

Ihren Namen haben die Samenpflanzen nach ihrem typischen Vermehrungsorgan, dem **Samen**, erhalten. Die Beschäftigung mit Samen steht häufig am Beginn der Beschäftigung mit Pflanzen überhaupt; daher soll unsere Betrachtung mit der Besprechung des Samens beginnen, auch wenn ein tieferes Verständnis des Samenbaus erst später erlangt werden kann.

1.1 Ruhender Samen

1.1.1 Bau des Samens

Als Beispiel für den Samenbau sei der relativ große Samen des Wunderbaums (*Ricinus communis*, Fam. Wolfsmilchgewächse, Euphorbiaceae) ausgewählt. Er besitzt eine derbe Schale, die weicheres Gewebe umschließt (Abb. 1). Von außen sind sichtbar:
– Samenschale (Testa) als derbe Umhüllung,
– Raphe, ein geradliniger Strang, in dem die Leitbündel verlaufen, durch die der Samen von der Mutterpflanze ernährt worden ist,
– Nabel (Hilum), die Abbruchstelle des Samens von der Mutterpflanze,
– Caruncula, ein warzenartiges Anhängsel, das für die Familie der Wolfsmilchgewächse charakteristisch ist.

Nach der Öffnung der Samenschale erkennen wir im Inneren:
– Nährgewebe (Endosperm), das den Embryo umgibt,
– Embryo mit zwei sehr flachen Keimblättern (Kotyledonen), zwischen denen sich die Sproßspitze befindet, der Keimwurzel (Radicula) und einem Stück Sproßachse, das beide verbindet (Hypokotyl).

Nicht alle Samen sind auf gleiche Weise gebaut. Wie jedes konkrete Objekt enthält der Samen von *Ricinus* neben den typischen Merkmalen der Gliederung (Testa, Endosperm, Embryo) Spezialmerkmale, die nur für eine kleinere Gruppe, nämlich die Familie der Wolfsmilchgewächse, kennzeichnend sind (Caruncula). Abwandlungen tragen mit dazu bei, die Untergruppen der Samenpflanzen (Spermatophyta) zu charakterisieren:

A. **Gymnospermae (Nacktsamer):** Die Samen entstehen frei auf der Samenschuppe. Diese Gruppe wird vornehmlich durch die Nadelbäume vertreten.

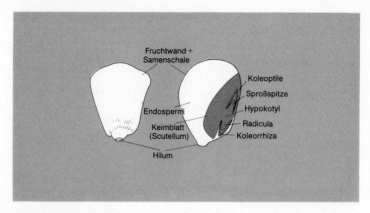

Abb. 2. Maiskorn in Aufsicht (links) und im Querschnitt (rechts).

B. **Angiospermae (Bedecktsamer):** Die Samen entstehen in einem durch Fruchtblätter gebildeten geschlossenen Raum. Von ihnen weisen die
   1. Monokotyledonen nur ein Keimblatt,
   2. Dikotyledonen fast stets zwei Keimblätter je Embryo auf.

Der Samenbau bei Monokotyledonen ist dementsprechend abgeändert. Als Beispiel sei das Maiskorn (*Zea mays*, Fam. Süßgräser, Poaceae) betrachtet, das allerdings nicht nur einen Samen darstellt, sondern zugleich auch das umhüllende Fruchtblatt umfaßt, also eine Frucht (s. Seite 126) ist (Abb. 2). Innerhalb der derben Umhüllung aus Fruchtwand samt Samenschale erkennen wir einen Embryo, der dem Endosperm seitlich anliegt. Er besitzt nur ein Keimblatt, das als schildförmiges Saugorgan (Scutellum) ausgebildet ist und der Nährstoffaufnahme dient. Ein kurzes Stück Sproßachse (Hypokotyl) verbindet Scutellum und Radicula, die von einer Scheide (Koleorrhiza) umgeben wird. Die Sproßspitze besitzt ebenfalls eine Keimscheide (Koleoptile), die vom Scutellum durch ein achsenartiges Stück getrennt ist. Auch das Maiskorn besitzt damit, neben den typischen Merkmalen des Samenbaues der Monokotyledonen, Spezialmerkmale seiner Familie, der Süßgräser: Umbildung des Kotyledo als Scutellum; Koleoptile; Koleorrhiza.

Auch bei den Dikotyledonen ist der Samenbau nicht bei allen Gruppen gleich: Die Samenschale kann sehr verschiedene Stärke besitzen; das Endosperm kann fehlen. In diesem Falle ist häufig in den Kotyledonen ein Nährgewebe entwickelt (z. B. bei Bohnen, s. Abb. 41, Seite 66).

Betrachten wir Schnitte durch Pflanzen im Mikroskop, so erkennen wir, daß sie aus kleinen Struktureinheiten unterschiedlicher Größe und Gestalt, nämlich aus **Zellen** zusammengesetzt sind. Daß Pflanzen grund-

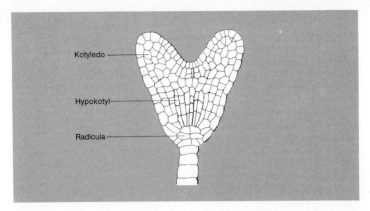

Abb. 3. Junger Embryo des Hirtentäschelkrauts *(Capsella bursa-pastoris)* (nach J. VON HANSTEIN aus STRASBURGER).

sätzlich zellulären Bau aufweisen, d. h. daß Zellen die Grundeinheit der Struktur pflanzlicher Organismen sind und daß es ohne Zellen keine Pflanzen gibt, wurde zuerst von SCHLEIDEN (1804–1881) deutlich erkannt. Die ersten Pflanzenzellen waren bereits weitaus eher, nämlich im Jahre 1665 von ROBERT HOOKE (1635–1703) im Flaschenkork entdeckt worden. C. W. VON NÄGELI (1817–1891) wies nach, daß Zellen nur aus Zellen durch Teilung entstehen können. Unmittelbar nach ihrer Entstehung durch Zellteilung sehen alle Zellen einer Pflanze mehr oder weniger gleichartig aus, wie wir es beim Embryo beobachten können. Im Laufe der Entwicklung kommt es zu einer Differenzierung in recht verschiedenartige Zellformen, die mit einer entsprechenden Differenzierung der Zellfunktionen einhergeht. Meist treten Zellen gleicher Form nicht einzeln, sondern in größeren Verbänden auf. Solche Verbände gleichartiger Zellen bezeichnet man als **Gewebe.** Eine charakteristische Anordnung von Geweben setzt schließlich die oben genannten Organe der Pflanze, also Blätter, Sproßachsen und Wurzeln zusammen. Entsprechend dieser Gliederung teilt sich auch die Lehre von der Gestalt der Pflanze, die Morphologie, ein in Cytologie (Zellenlehre), Histologie (Gewebelehre) und Organographie (Lehre von den Organen). Cytologie und Histologie zusammen werden auch als Anatomie bezeichnet.
Im Samen haben wir nun also drei unterschiedliche Gewebebereiche, den Embryo, das Endosperm und die Samenschale zu betrachten.

1.1.2 Embryonale Zelle

Der Embryo besteht aus einem Gewebe (Abb. 3), dessen Zellen sich in ihrer Form mehr oder weniger gleichen, dünnwandig sind und die Fähigkeit zur Zellteilung besitzen. Ein solches Gewebe wird als **Meristem (Bildungsgewebe)** bezeichnet. Im Zuge der Differenzierung verlieren die meisten Zellen einer Pflanze ihre Teilungsaktivität, sie bilden dann Dauergewebe. Falls sie die Teilungsfähigkeit wiedererlangen, bilden sie die sekundären Meristeme. Das Gewebe des Embryos – und Bildungsgewebe, deren Teilungsaktivität sich direkt aus dem Embryo ableiten läßt – nennt man dementsprechend primäre Meristeme.

Haben wir Zellen als die Struktureinheiten von Pflanzen erkannt, so heißt das keineswegs, daß Zellen nicht weiter strukturiert wären. Feinere Strukturen sind schon mit dem Lichtmikroskop erkennbar und besonders mit dem Elektronenmikroskop darstellbar. Natürlich ergeben sich die Eigenschaften der Strukturen aus den physikochemischen Eigenschaften der an ihnen beteiligten Moleküle, d. h. man könnte alle Formen in der Sprache der Chemie beschreiben. Der Größenunterschied zwischen sichtbar zu machenden Strukturen, selbst innerhalb ei-

Abb. 4. Größendimensionen des pflanzlichen Lebens im Vergleich mit wichtigen Wellenlängen.

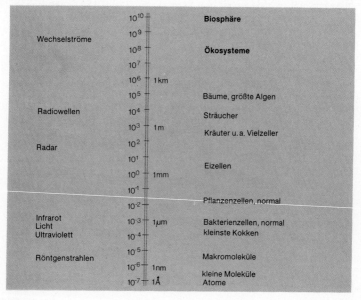

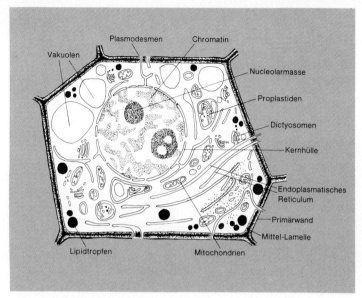

Abb. 5. Modell einer embryonalen Pflanzenzelle (nach SITTE aus MOHR).

ner Zelle, und Molekülen ist aber in der Regel so groß, daß es prakti-
scher ist, sowohl in der Terminologie der Anatomie (besonders bei größeren Dimensionen) als auch in der Terminologie der Chemie (bei den
kleinsten Dimensionen) zu sprechen. Eine Übersicht über die Dimensionen, in die sich das pflanzliche Leben erstreckt, ist in Abb. 4 gegeben.
Die am Rand zum Vergleich aufgeführten Wellenlängen elektromagne-
tischer Wellen sind in einigen Fällen zur Untersuchung der Strukturen
geeignet. Schon eine embryonale Zelle zeigt einen sehr komplizierten
Bau, der zunächst besprochen werden soll. Im Zuge der Zelldifferenzie-
rung kann dieser Bau in zahlreichen Einzelheiten noch stark verändert
werden, jedoch bleibt er in den Grundzügen auch später erhalten.
Bereits im Lichtmikroskop kann man bei den meisten Zellen drei Bereiche deutlich unterscheiden: die Zellwand, das Protoplasma und die
Vakuolen (Abb. 5).

Zellwand

Im Gegensatz zu tierischen Zellen sind die meisten Pflanzenzellen von
einer Zellwand umgeben. Wandlos („nackt") sind nur einige niedrig

organisierte, meist einzellige Pflanzen, und zwar vorwiegend solche, die im Wasser leben. Bei Samenpflanzen wird die Form der Zellen und damit die Gestalt der Pflanzen infolgedessen durch die Gestalt der Zellwand bestimmt, die selbst ein Produkt des Protoplasmas (s. Seite 21) ist. Bei einer embryonalen, also sehr jungen Zelle ist die Wand zunächst noch sehr zart. In der Telophase (s. Seite 54) der Zellteilung bildet sich im Grenzbezirk der beiden neu entstehenden Zellen eine Zellplatte, die durch flächige Vergrößerung allmählich den Anschluß an die Seitenwände der Mutterzelle erreicht. Sie stellt damit die erste Lage (Lamelle) der Zellwand dar und bleibt in der ausgewachsenen Wand als unscheinbare Mittel-Lamelle erhalten, die die Grenzlinie zweier Zellen markiert. Die Zellplatte wird von beiden neugebildeten Zellen aus durch je eine weitere Lamelle, die Primärwand, verstärkt. Sie enthält langgestreckte Elemente, Mikrofibrillen, in einer Grundsubstanz, so daß ihr Bauprinzip einem durch Eisenstäbe verstärkten Betonbau vergleichbar ist. Die Fibrillen bestehen aus Cellulose, einem polymeren Kohlenhydrat (Polysaccharid). Das als Baustein dieser Gerüstsubstanz zu Grunde liegende Monosaccharid ist Glucose, die häufigste Hexose. Sie tritt in zwei Konfigurationen auf, die sich in der Anordnung am 1. C-Atom unterscheiden, der α- und der β-Form (Abb. 6a, b). Verbinden sich 2 β-Glucosen unter Wasseraustritt am 1. und 4. C-Atom miteinander, so entsteht das Disaccharid Cellobiose (Abb. 6c). Werden zahlreiche Glucosemoleküle angefügt, so entsteht das β-1,4-Polyglykosid, nämlich die Cellulose. Auf Grund der räumlichen Anordnung

Abb. 6. Chemischer Bau der Cellulose. a = β-Glucose, b = α-Glucose (zum Vergleich), c = Cellobiose, d = Cellulose (Ausschnitt). Die C-Atome der Glucose sind mit den Ziffern 1–6 bezeichnet.

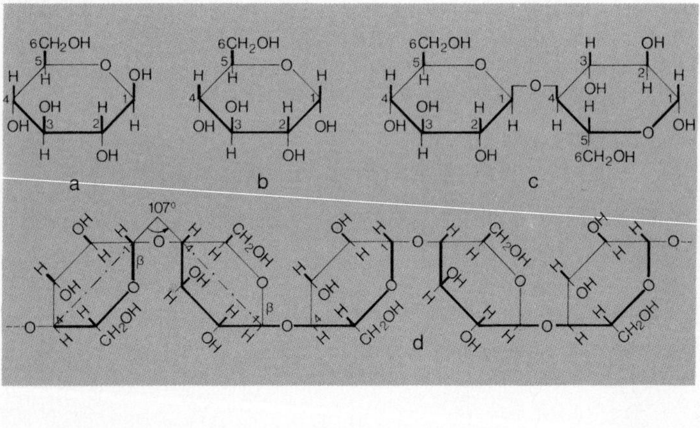

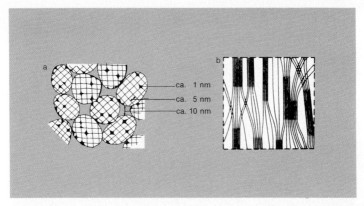

Abb. 7. Bau von Cellulose-Fibrillen. a = Querschnitt durch die Mikrofibrillen einer Cellulosewand mit den Elementarfibrillen. Zwischen ihnen bestehen (schwarz gehaltene) Hohlräume mit einem Durchmesser von 0,5–1 nm. b = Schematischer Längsschnitt durch eine einzelne Mikrofibrille mit unregelmäßiger Anordnung der Elementarfibrillen (nach FREY-WISSLING aus STRASBURGER).

kann die Verknüpfung nur so erfolgen, daß in der hier benutzten, üblichen Schreibweise die Endgruppen –CH$_2$OH (mit dem 6. C-Atom) abwechselnd nach oben oder nach unten, also in verschiedene Richtungen, weisen. Dabei bilden sich langgestreckte Kettenmoleküle, die bei natürlichen Cellulosen aus einigen hundert bis zu 36 000 Einheiten (bei der Leinfaser) bestehen können. Zwischen den Glucosen liegen stumpfe Winkel (Abb. 6d). Da eine Glucose etwa 0,5 nm (= 1/2000 μm) Durchmesser hat, entstehen Fäden von nur 0,0005 μm Durchmesser aber bis zu mehreren μm Länge. Die einzelnen Moleküle sind zu 50–100 zu Elementarfibrillen gebündelt, von denen wiederum eine gewisse Anzahl die Mikrofibrillen bilden, die einen Durchmesser von etwa 0,025 μm besitzen (Abb. 7).
Die Grundsubstanz der Primärwand und die Mittellamelle bestehen vorwiegend aus einer anderen polymeren Substanz, dem *Protopektin*. Dieses vereinigt bis zu einigen hundert Einheiten einer Zuckersäure, der Galakturonsäure. Die Protopektinmoleküle werden durch Ca^{++}- und Mg^{++}-Ionen verknüpft, die mit den Säuregruppen (Carboxylgruppen) zweier benachbarter Moleküle Salze bilden (Ca-Mg-Pektinate).
In der Grundsubstanz befinden sich neben den Protopektinen weitere Polysaccharide, die man unter dem Namen Hemicellulosen zusammenfaßt. Teils handelt es sich (wie bei der Cellulose) um Hexosane, deren Bausteine also Hexosen sind (z.B. Mannose, Galaktose), teils um Pen-

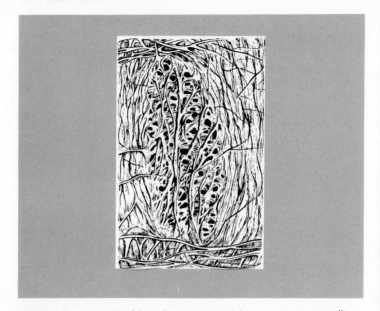

Abb. 8. Anlage eines Tüpfels in der Primärwand der *Avena*-Koleoptile. Übergang von der Streutextur der Primärwand zur Paralleltextur der Sekundärwand. (Zeichnung nach einer elektronenmikroskopischen Aufnahme von BÖHMER aus NULTSCH).

tosane, deren Bausteine also Pentosen sind (z.B. Xylose und Arabinose). Die jungen Zellwände der Keimscheide des Hafers (der Koleoptile von *Avena sativa*) bestehen aus:

- 42 % Cellulose,
- 38 % Hemicellulosen,
- 8 % Pektinverbindungen,
- 12 % Eiweißverbindungen.

In der Primärwand überwiegt noch die Grundsubstanz, und die wenigen Mikrofibrillen sind wahllos verstreut (Streutextur) (vgl. Abb. 8). In diesem Zustand ist die Wand noch plastisch und elastisch dehnbar und macht ein Wachstum der Zelle möglich. Ist das Zellwachstum abgeschlossen, werden neue Lamellen aufgelagert und die Sekundärwände gebildet. Sie enthalten größere Anteile an Cellulose, wobei die Mikrofibrillen meist zu größeren Einheiten gebündelt sind und mehr parallel angeordnet sind. Hierbei können sie etwa parallel zur Längsachse der

Zelle verlaufen (Fasertextur), oder schräg (Schraubentextur) oder etwa quer zur Längsachse gerichtet sein (Ringtextur). Wände mit Fasertextur sind besonders reißfest.

In dem Raum zwischen den Fibrillen oder als eigene Lamellen können weitere Substanzen in die Wand eingelagert bzw. an die Wand angelagert werden. Darüber soll aber erst bei der Behandlung stärker differenzierter Zellen gesprochen werden (s. Seite 37). Alle Substanzen der jungen Zellwand, mit Ausnahme der Eiweiß-Anteile, sind kohlenhydratartige Substanzen. Sie enthalten zahlreiche O-haltige, polare Gruppen, die Wasserhüllen tragen. Die gesamte Zellwand wird damit zum hydrophilen Bereich. Eine ringsum geschlossene Wand würde die Protoplasmen der einzelnen Zellen vollständig voneinander isolieren und dadurch eine erhebliche Erschwerung des Stoffaustausches darstellen. In der Tat ist die Sekundärwand mit zahlreichen Durchbrechungen versehen, die als *Tüpfel* bezeichnet werden. Sie sind je nach Dicke der Wand grubenförmig oder als Kanäle ausgebildet, wobei ein Tüpfel einer Zelle in einem korrespondierenden Tüpfel der Nachbarzelle seine Fortsetzung findet. Er ist nur durch die Mittellamelle und die beiden aufgelagerten Primärwände in Form der sog. Schließhaut verschlossen, die jedoch durch feinste, siebartig angeordnete Poren durchbrochen wird (Abb. 8). In ihnen befinden sich Plasmastränge, die in Form feiner, oft nur 0,06 µm dicker Plasmafäden, der sog. Plasmodesmen, auch die Schließhaut in großer Zahl durchziehen. Auf Grund der Verbindungen mittels Plasmodesmen kann das Protoplasma einer Pflanze trotz der Gliederung in Einzelzellen, die von festen Wänden umgeben sind, als ein einheitlicher betrachtet werden.

Protoplasma

Das von der Wand umschlossene Innere, das Lumen der Zelle, wird in meristematischen Zellen fast ganz, bei stärker differenzierten Zellen teilweise, von Protoplasma ausgefüllt. Dieses kann man als den eigentlichen lebenden Inhalt der Zelle bezeichnen, da es Träger der wichtigsten Lebensfunktionen ist. Schon im Lichtmikroskop lassen sich drei Typen größerer Partikel, die sog. Zellorganelle Kern, Plastiden und Mitochondrien vom Rest des Protoplasmas, dem Cytoplasma (auch als Cytosol bezeichnet), unterscheiden. Feinere Partikel und insbesondere die Membransysteme, die sich sowohl in den Organellen als auch im Cytoplasma finden, lassen sich erst elektronenmikroskopisch erkennen und genauer darstellen. Aus historischen Gründen hat sich für die Beschreibung des Protoplasmas wie der Gesamtzelle eine (ältere) lichtmikroskopische und eine (modernere) elektronenmikroskopische Terminologie entwickelt.

Plasma-Membranen

Eines der wichtigsten Bauprinzipien des Protoplasmas ist seine Unterteilung durch die Membranen der Zelle (Abb. 9). Das Protoplasma wird nach außen, zur Zellwand hin, durch die als Plasmalemma bezeichnete Membran begrenzt. Sie zeigt, wie die übrigen Membranen auch, einen Bau aus einer Lipid-Doppelschicht mit aufgelagerten (peripheren), teilweise eingelagerten (halbintegrierten) und durchgehenden (Tunnel-)Proteinen und weist eine Dicke von etwa 7,5 nm auf. Sie ist damit vielmals dünner als selbst eine junge Zellwand. Man sollte daher, um Mißverständnisse zu vermeiden, Zellwände nie als Zell-„Membranen" bezeichnen. Auch chemisch (und damit physiologisch) sind Membranen nicht mit Wänden zu vergleichen, da sie aus Eiweiß- und Lipoidschichten bestehen und, wie wir noch sehen werden, ganz andere Funktionen besitzen.

Eiweiße sind hochmolekulare Substanzen, deren Grundbausteine, die Aminosäuren, durch eine Aminogruppe in Nachbarschaft zu einer Carboxylgruppe ausgezeichnet sind. Wird die Aminogruppe einer Aminosäure I mit der Carboxylgruppe einer Aminosäure II durch die sog. Peptidbindung (unter Wasserbildung) verknüpft, so entsteht ein Dipeptid (Abb. 10). Bei Verknüpfung mehrerer Aminosäuren entstehen Polypeptide, bei der Bildung langer Ketten (100 bis mehrere 1000 Einheiten) Eiweiße, deren Molekulargewicht 10 000 bis zu einigen Millionen betragen kann. Während die polymeren Kohlenhydrate meist durch vielfache Aneinanderreihung eines Bausteines entstehen, kommen in Eiweißen etwa 20 Aminosäuren regelmäßig, einige weitere selten vor. Sind die Aminosäuren hinsichtlich des Hauptkriteriums, nämlich der Nachbarschaft einer Amino- zu einer Carboxylgruppe gleich, so bestehen im übrigen Molekülbau erhebliche Unterschiede. So gibt es

Abb. 9. Schema einer Elementarmembran. L = Lipid-Doppelschicht, Ph = halbintegriertes Protein, Pp = peripheres Protein, Pt = Tunnel-Protein.

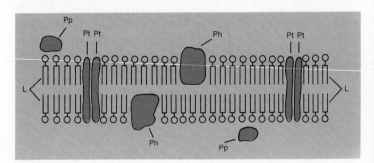

solche mit sauren, basischen, polaren, nur unpolaren, aromatischen u. a. Gruppen, die eine große funktionelle Vielfalt bedingen. Ihre Reihenfolge (Sequenz) bietet nahezu unbegrenzte Variationsmöglichkeiten und verleiht den Makromolekülen ihre spezifischen Eigenschaften. Sie sind keine bloßen, geraden Peptidketten, sondern sind schraubig gewunden, wobei die Schrauben selbst in einfachen Fällen, z. B. bei Struktureiweißen, noch einmal zickzackartig oder schraubig gebogen sind. In anderen Fällen sind die unterschiedlichen Abschnitte des Makromoleküls zu einer sehr komplizierten Gesamtform gefaltet und verknüpft. Die richtige räumliche Struktur (Konformation) ist entscheidend für die

Abb. 10. Proteine. a = Bildung eines Dipeptids aus zwei Aminosäuren; b = Peptidbindung; c = Ausschnitt aus einer Polypeptidkette. R_1, R_2 usw. bedeuten die Reste der beteiligten Aminosäure-Moleküle.

Funktion des Moleküls. Da diese Strukturen nicht durch volle chemische Bindungen, sondern durch Nebenvalenzen verschiedener Art gehalten werden, sind sie oft sehr labil. Durch Einwirkungen verschiedener Art (hohe Temperaturen, Chemikalien wie Säuren und Laugen, starker Wasserverlust usw.) können sie leicht ihre Struktur verändern und ihre Funktionsfähigkeit verlieren (Denaturierung). Bestehen Eiweiße nur aus Aminosäuren, so nennt man sie Proteine; sind andere Moleküle angegliedert (z.B. Zucker, Nucleinsäuren, Farbstoffe u.a.), nennt man sie Proteide. Eiweiße tragen dank ihrer zahlreichen polaren (hydrophilen) Gruppe überwiegend hydrophilen Charakter und sind oft in Wasser kolloidal löslich.

Lipide sind Ester des Alkohols Glycerin. Sie umfassen die Fette und die Lipoide. Bei den Fetten sind alle 3 Hydroxylgruppen des Glycerins mit je einer Fettsäure (Kettenlänge meist 16 oder 18 C-Atome) besetzt (Abb. 11a). Sie besitzen nur die Estergruppe als polare Gruppe und sind somit fast vollständig unpolar. Sie sind daher nicht in Wasser, sondern in Fettlösungsmitteln löslich (lipophil). Lipoide tragen nur 2 Fettsäurereste und an der dritten Hydroxylgruppe einen Rest mit polaren Gruppen, z.B. Zucker (Glykolipide), Phosphate (Phospholipide) u.a. (Abb. 11b). Bei den Plasmamembranen bilden die Lipoide eine geschlossene Doppelschicht von Molekülen, deren lipophile Seiten nach innen, und deren hydrophile Seiten nach außen, den Eiweißschichten, zugekehrt sind (Abb. 9, Seite 22). Wegen der Zusammensetzung aus Lipoiden und Proteinen spricht man auch von Lipoproteidmembranen. Diesem Prinzip scheinen alle biologischen Membranen zu genügen, so daß man von einer Elementarmembran (= Einheitsmembran) spricht. Die grundsätz-

Abb. 11. Lipide. a = Glycerin; b = Beispiel eines Fettmoleküls; c = Beispiel eines Lipoidmoleküls (Phospholipid).

liche Übereinstimmung im Bau bedeutet nicht, daß auch die Lipid- und Eiweißmoleküle bei verschiedenen Membranen gleich wären. Man stellt unterschiedliche Dicken von Membranen fest und beobachtet, daß sie unterschiedliche chemische Eigenschaften besitzen. In der Technik der Gefrierätzung hergestellte elektronenmikroskopische Bilder gestatten, auch eine Aufsicht auf Membranen wiederzugeben. Hier kann man die Mannigfaltigkeit der Größe und Anordnung der aufgelagerten Partikel darstellen, die jeden Membrantypus mit einem charakteristischen Muster versieht.

Das Plasmalemma begrenzt das Protoplasma nach außen und kontrolliert den Stoffein- und -austritt aus der Zelle. Nach innen wird das Protoplasma durch eine zweite Membran, den Tonoplasten, abgegrenzt, der die Zentralvakuole umschließt. Er kontrolliert den Stoffdurchtritt zwischen Zellsaft und Cytoplasma. (Hierzu und zu den folgenden Abschnitten vgl. Abb. 5, Seite 17.)

Ein ganzes System von durch Membranen begrenzten Röhren, Kanälen und flacheren Bläschen (Zisternen) durchzieht das gesamte Cytoplasma. Es wird als Endoplasmatisches Reticulum bezeichnet. Seine Ausdehnung und Ausgestaltung kann verschieden sein und je nach dem physiologischen Zustand der Zelle sehr rasch wechseln. Es zieht sich auch durch die Plasmodesmen in den Tüpfeln der Zellwand hindurch und besitzt Transportfunktionen. Die Hülle des Zellkerns ist Teil des Endoplasmatischen Reticulums (s. Seite 26).

Ein weiteres Membransystem der Zelle liegt im Golgi-Apparat vor, mit dem die Gesamtheit der Dictyosomen bezeichnet wird. Dictyosomen stellen von Membranen umgebene flache Hohlräume (Zisternen) dar, die übereinandergestapelt sind und membranumschlossene Bläschen abgeben können. Sie befinden sich immer in Bereichen besonderer Syntheseleistungen. Vermutlich sind diese Leistungen, z.B. bei der Bildung neuer Zellwände oder bei Sekretionen, in diesem System lokalisiert.

Die Membransysteme, die außer den hier genannten Strukturen auch Teile der Zellorganelle umfassen, schaffen in der Zelle zahlreiche Reaktionsräume (Kompartimente), die zwei unterschiedlich gearteten Typen entsprechen: Innerhalb der Doppelmembranen befindet sich eine wäßrige Phase, außerhalb der Membranen die plasmatische Phase.

Die Pflanzenzelle enthält eine ganze Reihe weiterer, sehr kleiner (unter 1μm großer) Gebilde, die mit einem älteren Namen als **Mikrosomen** zusammengefaßt wurden. Es hat sich jedoch gezeigt, daß es sich dabei um eine ganz heterogene Gruppe bläschenartiger, meist von einer einfachen Membran umgebener Partikel handelt, die je nach ihrem Enzymbesatz eine unterschiedliche Rolle im Stoffwechsel spielen.

Hervorzuheben sind die **Ribosomen**, rundliche Gebilde von nur $0,01$–$0,025\mu$m Durchmesser, die aus Ribonucleinsäure (RNS, s. Seite 51) und Proteinen bestehen. Sie kommen sowohl in den Organellen als auch im Cytoplasma – teils frei, teils an Membranen angeheftet – vor und sind die Orte der Proteinsynthese (s. Seite 52). Ein Transportsystem stellen schließlich die röhrenförmigen Mikrotubuli dar, die ebenfalls nur 0,025 μm Durchmesser besitzen, aber eine relativ große Länge erreichen. Sie treten als Spindelapparat bei der Zellteilung besonders auffällig in Erscheinung.

Grundplasma

Der Bereich des Cytoplasmas, der auch im Elektronenmikroskop keine sichtbaren Strukturen aufweist, kann als Grundplasma bezeichnet werden. Die Tatsache, daß dieser Bereich „optisch leer" ist, bedeutet auch hier nicht, daß er nicht strukturiert wäre. Etwa 50 % der Trockensubstanz des Plasmas machen die Eiweiß-Makromoleküle aus, die durch Nebenvalenzen verschiedener Art zu lockeren Gerüsten verbunden sind. Solche lockeren, rasch veränderlichen Strukturen, deren Zwischenräume vornehmlich mit Wasser erfüllt sind, sind kennzeichnend für die plasmatische Phase.
Wie flexibel dieses System ist, wird daran erkennbar, daß es Zellen gibt, deren Protoplasma sich in lebhafter Bewegung befindet (Plasmaströmung). Dabei erfaßt die Strömung nicht nur das Cytoplasma, sondern auch die Zellorganelle werden mitgerissen. In manchen Zellen rotiert das wandständige Cytoplasma in nur einer Richtung um die Mitte der Zelle (Rotation), in anderen Fällen werden in ein und derselben Zelle verschiedene Strömungsrichtungen beobachtet (Zirkulation).

Zellkern

Der Zellkern (Nucleus) ist das größte Organell der Zelle, das bei flach linsenförmiger bis kugeliger Gestalt meist einen Durchmesser von 5–25μm besitzt. In der jugendlichen Zelle liegt er im Zentrum, später oft an der Peripherie im wandnahen Cytoplasma. Er ist von einer doppelten, mit Poren durchsetzten Membran umgeben, der Kernhülle, die Teil des Endoplasmatischen Reticulums ist. Das Innere, das Karyoplasma, besteht aus einer elektronenmikroskopisch homogen erscheinenden plasmatischen Phase, der Karyolymphe, die ein oder mehrere Kernkörperchen (Nucleoli) umschließt und das Chromatin enthält. Mit Chromatin wird das Material der Chromosomen bezeichnet. Diese liegen, wenn sie aktiv sind, in Form feiner, fädiger Strukturen in entspiralisierter Form vor und treten während der Zellteilung in kompakter, spiralisierter Form deutlicher in Erscheinung. Die Chromosomen, die in ihrer Gesamtheit als Genom bezeichnet werden, enthalten die Erbinformation des Kerns. Chemisch sind sie neben dem Vorkommen relativ kleiner, basischer Proteine (Histone) vor allem durch ihren Gehalt an **Nucleinsäuren** gekennzeichnet. Bei dieser Stoffklasse handelt es sich um polymere Substanzen, deren Grundeinheiten, die Nucleotide, aus drei Komponenten zusammengesetzt sind:

Phosphorsäure
Zucker   } Nucleosid   } Nucleotid
Organische Base

Das Nucleotid verkörpert eines der wichtigsten Bauprinzipien der Zelle, das außer in den Nucleinsäuren in mehreren weiteren für den Zellstoffwechsel entscheidenden Substanzen wiederkehrt (ATP s. Seite 45; NAD s. Seite 45).

Als Zucker tritt die 2-Desoxyribose bei der Desoxyribonucleinsäure (DNS), die Ribose bei der Ribonucleinsäure (RNS) auf (Abb. 12a). Von

Abb. 12. Nucleinsäuren. a = Bausteine; b = Ausschnitt aus der Nucleotidkette der DNS; B = Base; P = Phosphat; c = Struktur der DNS (c aus NULTSCH).

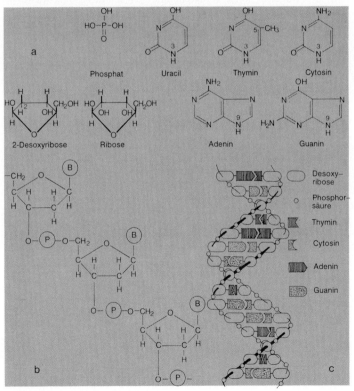

den organischen Basen enthalten zwei, nämlich Adenin und Guanin, das Purin-Gerüst, und die übrigen, nämlich Cytosin und Thymin (nur in DNS) bzw. Uracil (nur in RNS), das Pyrimidin-Gerüst. Die Art der Verknüpfung ist in Abb. 12b dargestellt.

Sowohl die DNS als auch die RNS besitzt also vier durch ihre Basen gekennzeichnete Grundeinheiten. Durch unterschiedliche Sequenzen bieten auch sie eine nahezu unbegrenzte Anzahl von Möglichkeiten zur Bildung unterschiedlicher Makromoleküle.

Die Nucleinsäure der Chromosomen ist DNS. Sie besitzt die Konfiguration einer Doppelschraube (Abb. 12c), wobei die Basen zweier parallel zueinander um einen gedachten Zylinder gewundenen Zucker-Phosphorsäure-Ketten nach innen ragen und sich durch Wasserstoffbrücken miteinander verbinden. Aus räumlichen Gründen kann sich dabei stets nur Thymin mit Adenin und Cytosin mit Guanin paaren. Die beiden Stränge enthalten also die komplementär gleiche Nucleotidsequenz.

Nach Aufspaltung des Doppelstranges vom Ende her kann an jedem Einzelstrang ein komplementärer Einzelstrang gebildet werden, bis schließlich durch die beiden neuen Stränge die DNS eine identische Reduplikation erfährt. Diese Funktion der DNS, neue Moleküle genau gleicher Nucleotidsequenz zu produzieren, die man als autokatalytische Funktion bezeichnen kann, ist der Grundvorgang des Vererbungsgeschehens. Die Nucleotidsequenz stellt die genetische Information dar, da sie entscheidend ist für die Steuerung der Zellentwicklung (heterokatalytische Funktion der DNS s. Seite 52).

Die DNS-Ketten der Chromosomen sind außerordentlich lang; sie dürf-

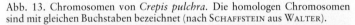

Abb. 13. Chromosomen von *Crepis pulchra*. Die homologen Chromosomen sind mit gleichen Buchstaben bezeichnet (nach SCHAFFSTEIN aus WALTER).

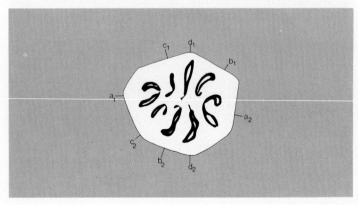

ten häufig weit über 100000 Einheiten umfassen, da Molekulargewichte bis zu 10^9 festgestellt werden. Die DNS ist mit den schon genannten Proteinen zu den Nucleoproteiden des Chromosoms verbunden.

Wenn ein Zellkern zur Kernteilung übergeht, wird das fädige Chromatingerüst stark spiralig aufgerollt und verdichtet sich zu kürzeren oder längeren Stäbchen, den **Chromosomen,** die nach Anfärbung, schon im Lichtmikroskop gesehen werden können. Sie bestehen aus zwei Schenkeln, die von dem Centromer, dem Ansatzpunkt der Spindelfasern bei der Kernteilung (s. Seite 54) ausgehen. Häufig bestehen sekundäre Einschnürungen, die einen meist kurzen Teil eines Schenkels abschnüren. Ein solcher Teil wird als Satellit (oder Trabant) bezeichnet. Die Schenkel enthalten schraubige Längselemente, die Chromonemen.

In den Chromonemen sind elektronenmikroskopisch feinere fibrilläre Elemente zu erkennen, von denen die feinsten einen Durchmesser von 3–4 nm besitzen. Das entspricht etwa dem Durchmesser, den eine DNS-Doppelschraube mit einer Hülle aus Histonen haben würde.

Die Zahl der Chromosomen pro Zelle ist ein konstantes Merkmal einer Art, charakteristisch ist auch ihre Größe und Form. Die Gesamtheit der Chromosomen einer Zelle, der Chromosomensatz, stellt das genetische Material des Zellkerns, das Genom dar. Bei den Samenpflanzen besitzt jede normale Körperzelle je 2 gleichartige (homologe) Chromosomen. Das Genom wird in diesem Fall als diploid bezeichnet (Abb. 13). Die funktionellen Grundeinheiten des Genoms, die Gene, sind auf den Chromonemen aufgereiht. Sie sind also Abschnitte der Chromonemen bzw. – anders ausgedrückt – der Desoxy-Nucleoproteid-Makromoleküle.

Schon im Lichtmikroskop sind im Kern auch die Nucleoli, die Kernkörperchen, zu erkennen. Sie werden von den Satelliten gebildet und bestehen zu 40–60 % aus RNS, der sie ihren Namen verdanken, und zwar einer sehr langkettigen RNS mit Molekulargewichten von 500000 bis etwa 1000000.

Plastiden

Typische Zellorganelle der meisten Pflanzen sind die Plastiden, die in Samenpflanzen meist in größerer Anzahl als kleine, oft nur wenige Mikrometer große, oft ellipsoidische Körper auftreten. Schon die Ausgangsformen, die in den embryonalen Zellen vorliegen, die Proplastiden, zeigen die Umhüllung durch eine doppelte Membran. Im Inneren sind feine Membranstrukturen entwickelt, die z. T. Einfaltungen der inneren Membran darstellen. Aus Proplastiden entwickeln sich die ausgewachsenen Plastiden der Dauergewebe, die sich in Bau und Funktion unterscheiden. Hier sind zu nennen:

1. Chloroplasten (grün), Funktion: Photosynthese (s. Seite 88),
2. Chromoplasten (gelb bis rot), Funktion: Färbung (s. Seite 117),
3. Leukoplasten (weiß), Funktion: Stärke-Speicherung (s. Seite 32).
1 und 2 werden gemeinsam als Chromatophoren bezeichnet. Plastiden entstehen nur aus Plastiden durch eine Teilung, die nicht mit der Kern- und Zellteilung gekoppelt ist. Sie enthalten ihre eigenen genetischen Substanzen in Form von Plastiden-DNS.

Mitochondrien

Die Mitochondrien sind kleiner als Plastiden, weniger als 1 μm breit und 1–3 μm lang, zeigen im Bau aber Ähnlichkeiten: Eine Doppelmembran

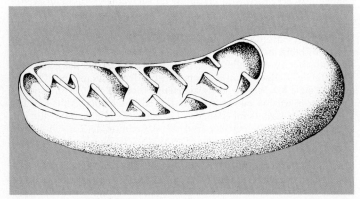

Abb. 14. Schematische Darstellung der Mitochondrienstruktur (aus LEHNIN-GER).

bildet die Umhüllung. Die innere Membran zeigt Einstülpungen, die in Form von Falten (Cristae), Röhrchen (Tubuli) oder Säckchen (Sacculi) den Innenraum gliedern (Abb. 14).
Auch die Mitochondrien können nur aus Mitochondrien durch Teilung entstehen und enthalten ihre eigene DNS. In ihnen sind zahlreiche Enzyme der Atmung und des Fettsäurestoffwechsels lokalisiert.

Vakuolen

In einer embryonalen Pflanzenzelle füllt das Protoplasma das ganze, von der Wand umgebene Innere der Zelle aus. Im Verhältnis zum

Volumen der ganzen Zelle ist der Kern groß. Beim Heranwachsen der Zelle, auf das später noch genauer eingegangen werden soll (s. Seite 56), vergrößert sich die Wand und die Zelle nimmt Wasser auf, während sich das Volumen des Protoplasmas nur wenig ändert. Dabei sammelt sich das Wasser in kleinen Tröpfchen, den Vakuolen, die durch eine Membran vom Protoplasma getrennt werden. Die Tröpfchen fließen zusammen, so daß sich größere wässerige Räume bilden, die von Plasmafäden durchzogen werden. Die Form und die Lage dieser Fäden ändern sich im lebenden Zustand oft sehr rasch. Häufig ist in dieser Phase auch eine Plasma-Zirkulation zu beobachten. Schließlich bildet sich in den meisten Fällen eine zusammenhängende Zentralvakuole, während das Protoplasma als wandständiger Plasmaschlauch ausgebildet ist und nur noch einen kleinen Bruchteil des Zellvolumens ausmacht. Eine einheitliche Membran, der Tonoplast, grenzt dann das Protoplasma gegen die Zentralvakuole ab.

In der Zentralvakuole befindet sich der Zellsaft, d. h. eine wäßrige Lösung einer Vielzahl von Stoffen. Besonders reichlich sind organische Säuren (Citronensäure, Äpfelsäure, Isocitronensäure) und ihre K- und Ca-Salze, ferner Monosaccharide u. a. Kohlenhydrate sowie Eiweiße vertreten. Dazu kommt eine Reihe verschiedener anorganischer Ionen. Während ein Teil, insbesondere der bereits genannten Substanzen, von der Vakuole wieder in den Stoffwechsel des Protoplasmas zurückkehren kann und daher im Zellsaft nur gespeichert wird, müssen andere als Endprodukte des Stoffwechsels angesehen werden. Da die Pflanzen nicht die Möglichkeit besitzen, wie die Tiere Abfallprodukte nach au-

Abb. 15. Calcium-Oxalat-Kristalle. I = Raphiden von *Impatiens;* II = Druse von *Opuntia;* III = Einzelkristall von *Vanilla* (nach VON DENFFER AUS STRASBURGER).

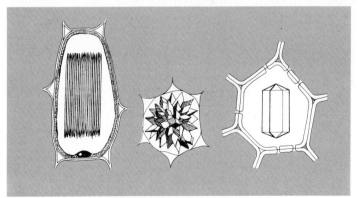

ßen abzugeben, sammeln sich diese im Zellsaft der alternden Zelle an. Hierher gehören die Alkaloide (N-haltige, basische organische Substanzen) und Glykoside (Verbindung eines Zuckers mit einem anderen Molekül), die die wirksamen Substanzen vielerlei Heil- und Gewürzpflanzen ausmachen. Zu den Glykosiden gehören auch Farbstoffe (s. Seite 117). Viele Zellsäfte enthalten große Mengen von Gerbstoffen, aromatischen Stoffen unterschiedlicher Zusammensetzung.

In fester Form werden Substanzen nicht in der Zentralvakuole, sondern in eigenen kleinen Vakuolen festgelegt. Besonders verbreitet (siehe dazu Abb. 15) sind Ablagerungen des in Wasser sehr schwer löslichen Ca-Oxalats (Ca C_2O_4), das in verschiedenen Kristallformen auftritt, während K-Oxalat und freie Oxalsäure als wasserlösliche Substanzen im Zellsaft vorkommen können. In geringerem Umfang finden sich Ansammlungen von Ca-Carbonat. In Speichergeweben, wie z. B. dem Endosperm (s. unten) werden die Speichersubstanzen häufig ebenfalls in Vakuolen niedergelegt. Die Gesamtheit der Vakuolen einer Zelle wird als Vakuom bezeichnet.

1.1.3 Endospermzelle

Das Endosperm, das in vielen Samen den Embryo umgibt, ist nicht teilungsaktiv; es ist kein Bildungs- sondern ein Dauergewebe. Unter den Dauergeweben bezeichnet man diejenigen, deren Zellen nahezu isodiametrisch oder nur wenig gestreckt und dünnwandig sind, also keine auffälligen Spezialisierungen aufweisen, als Grundgewebe (Parenchyme). Die Zellen des Endosperms entsprechen dieser Charakterisierung. Bei ihrem Heranwachsen sind durch Auseinanderweichen der sich abrundenden Zellen an den Ecken bzw. Kanten luftgefüllte Hohlräume entstanden, die der O_2-Versorgung des Parenchyms dienen (Interzellularen). Eine gewisse Spezialisierung liegt beim Endosperm insofern doch vor, als es Stoffe gespeichert enthält, die der Ernährung des Embryos zugute kommen. Das Endosperm kann daher als ein Speicher-Parenchym bezeichnet werden.

Als Speicherstoffe kommen drei der schon besprochenen vier Stoffklassen in Frage: Eiweiße, Fette und Kohlenhydrate.

Die wichtigste der **Kohlenhydrat-Speichersubstanzen** ist die **Stärke,** die in Form kleiner, fester Gebilde (Stärke-Körner) niedergelegt wird. Die Stärkekörner werden von farblosen Plastiden, den Leukoplasten, gebildet, die bei der Entwicklung der Endospermzelle aus Proplastiden entstanden sind. Stärke ist ein Polysaccharid mit dem Grundbaustein α-Glucose (Abb. 6b, Seite 18). Werden zwei α-Glucosen unter Wasseraustritt am 1. und 4. C-Atom miteinander verknüpft, so entsteht das Disaccharid Maltose (Abb. 16a). Die Verknüpfung kann dabei aus räumlichen Gründen nur so erfolgen, daß bei der hier benutzten, üblichen Schreibweise die Endgruppen –CH_2OH (mit dem 6. C-Atom) jeweils

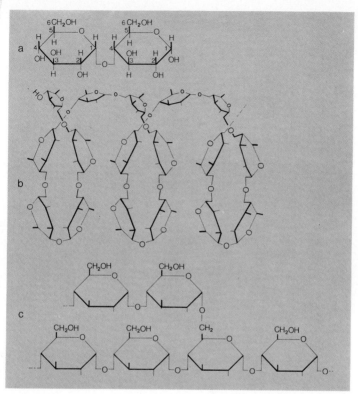

Abb. 16. Chemischer Bau der Stärke. a = Maltose; b = Ausschnitt aus einem Amylose-Molekül; c = kleinerer Ausschnitt aus einem Amylopektin-Molekül mit Verzweigungsstelle.

nach der gleichen Richtung zeigen. Werden weitere Glucosereste zum Polysaccharid angefügt, so nimmt das Makromolekül in diesem Fall eine schraubige Struktur an, wobei jede Windung etwa 6 Glucosemoleküle umfaßt (Abb. 16b). Ungefähr $1/4$ des Stärkekorns besteht aus Amylose, deren Moleküle aus einigen hundert (ca. 300) Einheiten besteht und unverzweigte Schrauben darstellt. Der Rest besteht aus Amylopektin, dessen größere Moleküle (meist über 1000 Einheiten) durch Verknüpfung zwischen dem 1. und dem 6. Atom von Glucosemolekülen Verzweigungen und damit mehrere schraubige Äste aufweisen (Abb. 16c). Die bekannte Farbreaktion der Stärke mit Jod beruht auf

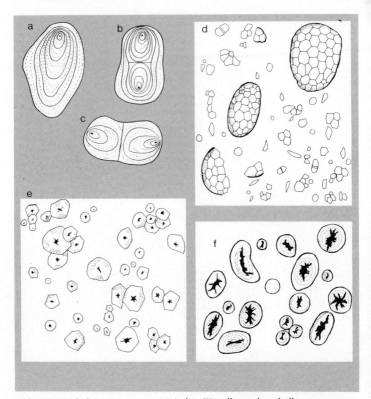

Abb. 17. Stärkekörner. a = exzentrisches Einzelkorn, b = halb zusammengesetztes, c = zusammengesetztes Korn der Kartoffel *(Solanum tuberosum);* d =
aus kleinen Teilkörnern zusammengesetztes Korn des Hafers *(Avena sativa);* e =
zentrische eckige und runde Körner des Mais *(Zea mays);* f = zentrische runde
bis ovale Körner der Bohne *(Phaseolus vulgaris)* mit Trockenrissen (aus
KAUSSMANN).

einer Einlagerung von Jodmolekülen in den Schraubenwindungen und
wird besonders intensiv von der Amylose gegeben.

Stärkekörner treten in verschiedener Form und Größe (etwa 2–100μm)
auf. Sie lassen in der Regel im Mikroskop eine deutliche Schichtung um
die Bildungszentren herum erkennen. Die Schichtung kann exzentrisch
oder zentrisch sein, es können zahlreiche Teilkörner zu einem größeren
Korn zusammengefügt sein (Abb. 17). Daß die Stärkekörner verschie-

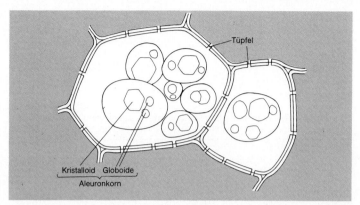

Abb. 18. Endospermzellen aus dem Samen des Wunderbaums *(Ricinus commu-nis)* (nach KAUSSMANN).

dener Arten sich nicht gleichen, ist von großer Bedeutung für die Le-bensmittelanalyse.
Manche Samenpflanzen enthalten nicht Stärke, sondern andere Koh-lenhydrate, z. B. Polymere der Fructose, wie Vertreter der Korbblütler (Fam. Asteraceae, s. Seite 164), deren Reservesubstanz Inulin nur etwa 30 Einheiten umfaßt und als wasserlösliche Substanz in der Vakuole auftritt, und einige, besonders tropische, Vertreter der Süßgräser (Fam. Poaceae, s. Seite 159).
Eiweiße treten sehr häufig als Speichersubstanzen auf. Sie sind in der Zentralvakuole in gelöster Form enthalten. Häufig werden kleine ei-weißreiche Vakuolen gebildet, die allmählich austrocknen, so daß die in ihnen enthaltenen Substanzen ausfallen. Dadurch werden sie zu festen Gebilden, den **Aleuronkörnern** (Abb. 18). Diese bestehen aus einer Grundmasse, die durch das Erstarren leicht löslicher Eiweiße gebildet werden (Albumine) und enthalten Kristalloide, die aus den schwerlösli-chen und daher zuerst ausfallenden Eiweißen (Globulinen) bestehen, und Globoide. Diese rundlichen Gebilde bestehen aus Phytin, einem ringförmigen phosphatreichen Molekül. In den Getreidefrüchten sind die Aleuronkörner in der Aleuronschicht, dem äußeren Teil des Endo-sperms, angereichert, die bei der üblichen Verarbeitung zu Mehl in der Kleie zurückbleibt, während sie im Vollkornbrot ausgenutzt wird. Fette werden in kleinsten Tröpfchen im Cytoplasma verteilt oder in größeren **Fettvakuolen** gespeichert. Häufig enthalten die beteiligten Fettsäuren eine oder mehrere Doppelbindungen. Besitzen sie einen relativ niedri-gen Schmelzpunkt, und sind daher bei Zimmertemperatur flüssig, so werden sie als Öle bezeichnet. Fette sind die häufigsten Speicherstoffe,

da sie bei 80 % aller höheren Pflanzen auftreten und bis über die Hälfte des Trockengewichtes des Endosperms ausmachen können. Eine ganze Reihe von Kulturpflanzen werden wegen ihres Fett- und Ölgehaltes angebaut (z.B. Ölbaum, Ölpalme, Sonnenblume, Lein), während die quantitativ wichtigsten wegen ihres hohen Kohlenhydratgehaltes bevorzugt worden sind (z.B. Getreide, Kartoffeln).

Tab. 1. Zusammensetzung pflanzlicher Nahrungsmittel mit überwiegendem Anteil an Speichergeweben (in % des Frischgewichtes) (aus WALTER)

	Wasser	Eiweiß	Fette	Kohlen-hydrate	Mineral-stoffe	kcal in 1 kg
Samen (bzw. Früchte)						
Bohnen	11,2	16,6	0,6	47,0	3,2	2660
Mais	13,0	7,5	1,9	69,3	1,1	3325
andere Speichergewebe						
Kartoffeln	75,0	1,5	0,07	20,7	1,0	918

Tab. 2. Kohlenhydratgehalt reifender Maiskörner (in %) (nach PORTCHE aus WALTER)

	Fructose	Saccharose	Stärke
nach der Blüte	13,6	12,2	27,9
Früchte mehlig	6,1	8,6	48,9
Früchte hart	2,7	5,8	54,2
Früchte vollreif	0,0	0,04	64,3

Bei vielen Samen fehlt ein Endosperm. Dann wird die Speicherfunktion für den Samen häufig von Kotyledonen übernommen (s. Abb. 41, Seite 66).

Speicherparenchyme treten nicht nur in Samen, sondern auch in Sprossen und Wurzeln auf. Betrachtet man den Mengenanteil verschiedener Substanzen an der Gesamtsubstanz von Samen oder bestimmten Früchten, so sieht man, daß die Speichersubstanzen dominieren, bei Kulturpflanzen in erster Linie die Kohlenhydrate, in zweiter Linie die Eiweiße (Tab. 1). Von anderen Geweben, auch anderen Speichergeweben, unterscheiden sich die Samen durch ihren sehr geringen Wassergehalt, der in der Regel nur (5-)10 (-15) % beträgt. Dieser Zustand wird durch einen Austrocknungsprozeß während der Samenreife erreicht. Während dieser Zeit nimmt der Gehalt an Speicherstoffen, z.B. von Stärke, auf Kosten der Zucker kontinuierlich zu (Tab. 2). Da für Stoffwechselumsetzungen ein gewisser Mindest-Wassergehalt notwendig ist, nimmt die Stoffwechselaktivität auf ein Minimum ab, der Samen „ruht".

1.1.4 Samenschale

Die harten Samenschalen werden von einem Dauergewebe gebildet, das stark verdickte Zellwände besitzt und ganz im Dienst der Festigung steht (Festigungsgewebe). Und zwar handelt es sich um jenen Typ des Festigungsgewebes, bei dem die Zellwände allseitig verdickt sind (Sklerenchym) und nicht nur partienweise (Kollenchym). In der Samenschale finden sich kleine polyedrische Sklerenchymzellen (Sklereiden), und zwar Sklereiden in Stabform (Stabzellen, Abb. 19). Ihre Zellwände sind keine bloßen Cellulose-Pektin-Wände, sondern sie sind verholzt. Unter Verholzung versteht man die Einlagerung von Lignin in

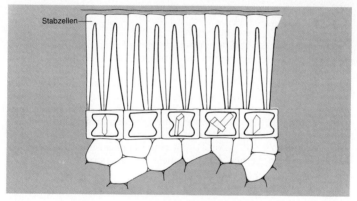

Abb. 19. Querschnitt durch die Samenschale einer Bohne *(Phaseolus vulgaris)* (nach KAUSSMANN).

das Cellulosegerüst (Inkrustation). Lignin ist eine polymere aromatische Substanz, deren Grundeinheiten Alkohole aus einem Benzolring mit einer 3 C-Atome umfassenden Anhangsgruppe darstellen (C_6C_3-Körper bzw. Phenylpropane, Abb. 20). Sie sind zu einem komplizierten dreidimensionalen Netzwerk verknüpft. Bei der Verholzung wird der Stoffaustausch der Zelle nach und nach unterbunden; die Sklereiden sterben daher ab und üben ihre Funktion in totem Zustand aus.

Weitere Formen von Festigungsgewebe treten vor allem in Sproßachsen und Wurzeln, in geringerem Maße auch in Blättern auf (Sklerenchymfasern s. Seite 72, Steinzellen s. Seite 102, Kollenchym s. Seite 102).

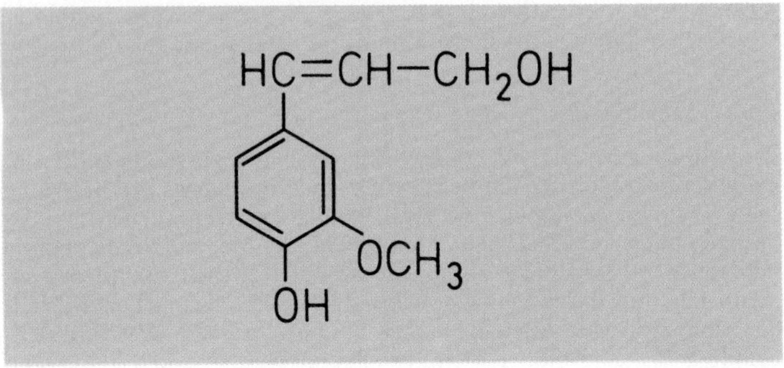

Abb. 20. Coniferylalkohol als Beispiel eines Phenyl-Propans (Lignin-Baustein).

1.2 Keimung

Die Keimung ist ein Teil der Entwicklung der Samenpflanze, wenn wir unter Entwicklung die inneren und äußeren Veränderungen der Form lebender Organismen verstehen. Die Entwicklung des Embryos bzw. Keimlings umfaßt das Wachstum und die Differenzierung der Zellen, wobei die den pflanzlichen Geweben eigentümlichen Formen entstehen. Das Wachstum läuft in mehreren Prozessen ab: 1. Plasmawachstum, 2. Zellteilung, 3. Streckungswachstum. Bei allen Prozessen haben wir es mit zeitabhängigen Abläufen unterschiedlicher Geschwindigkeit und Zeitdauer zu tun. Abb. 21 gibt eine Übersicht über die zeitlichen Dimensionen, in die sich das pflanzliche Leben erstreckt.

1.2.1 Keimungsbedingungen

Zur Keimung muß die Samenruhe unterbrochen werden, und es muß Wasser aufgenommen werden. Ferner ist die Keimung an bestimmte Außenbedingungen geknüpft, es müssen hohe (bei Warmkeimern) oder niedrige (bei Kaltkeimern) Temperaturen, Licht (bei Lichtkeimern) oder Dunkelheit (bei Dunkelkeimern) und stets ausreichend Feuchtigkeit vorhanden sein. Bei den meisten Samenpflanzen keimen Samen in einem gewissen Zeitraum nach der Samenreife auch dann nicht, wenn günstige Bedingungen herrschen. Dafür kann es mehrere Ursachen geben: Der Embryo benötigt eine echte Ruhe; die Samenschale ist so undurchlässig, daß Wasser den Embryo erst nach Zerstörung der Schale erreichen kann; der Samen enthält keimhemmende Stoffe; die Embryonen sind noch nicht voll ausgewachsen. Häufig sind bestimmte Außen-

Abb. 21. Zeitliche Dimensionen der Entwicklung von Pflanzen bzw. der Pflanzenwelt.

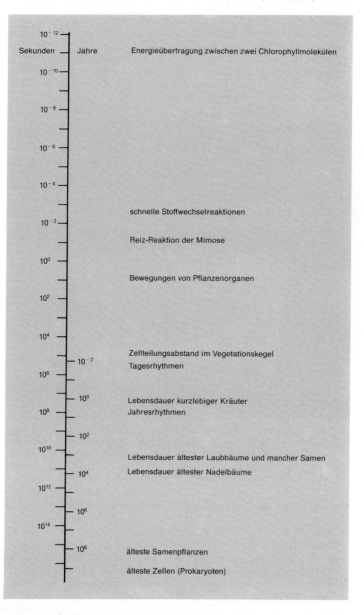

Sekunden — Jahre   Energieübertragung zwischen zwei Chlorophyllmolekülen

10^{-12}
10^{-10}
10^{-8}
10^{-6}
10^{-4}
10^{-2} schnelle Stoffwechselreaktionen

10^{0} Reiz-Reaktion der Mimose

Bewegungen von Pflanzenorganen

10^{2}

10^{4}

10^{-2} Zellteilungsabstand im Vegetationskegel
10^{6} Tagesrhythmen

10^{0} Lebensdauer kurzlebiger Kräuter
10^{8} Jahresrhythmen

10^{2}

10^{10} Lebensdauer ältester Laubbäume und mancher Samen
10^{4} Lebensdauer ältester Nadelbäume
10^{12}

10^{6}

10^{14}

10^{8} älteste Samenpflanzen

älteste Zellen (Prokaryoten)

bedingungen für die Erlangung der Keimfähigkeit wichtig. Hier ist die Einwirkung tiefer Temperaturen zu nennen, die man sich bei dem Prozeß der Stratifizierung (Kalt-Feucht-Lagerung bei Temperaturen bis zu $+5\,°C$) zunutze macht. Unter ungünstigen Bedingungen können Samen in ruhendem Zustand sehr lange Zeit leben. Lotosblumen waren noch nach 237 Jahren keimfähig; längere Zeiten sind denkbar, aber nur schwer sicher nachzuweisen.

1.2.2 Quellung

Gerät ein trockener Samen in Kontakt mit Wasser, so quillt er. Mit Quellung wird eine Wasseraufnahme unter Volumenvergrößerung bezeichnet. Substanzen mit polaren Gruppen haben die Eigenschaft, Hüllen des ebenfalls polaren Wassers (Hydratationshüllen) anzulagern. Polare Gruppen sind reichlich bei Eiweißen und Kohlenhydraten vertreten. Es quellen also insbesondere die Eiweiße des Protoplasmas, die

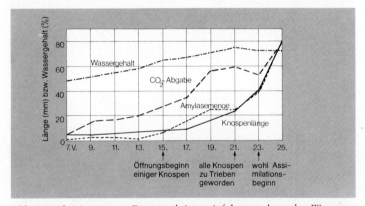

Abb. 22. Aktivierung von Enzymreaktionen infolge zunehmenden Wassergehalts bei Abbruch der Ruhe, gezeigt an Knospen von *Quercus robur* im Frühjahr. Während des Knospenwachstums nehmen Wassergehalt, Atmung und Amylasemenge zu. Nur für Länge und Wassergehalt der Knospen sind absolute Zahlenwerte angegeben (nach Versuchen von KURSSANOW aus BÜNNING).

Kohlenhydrate der Zellwand (Cellulose, Pektine u.a.) und des Protoplasmas (z.B. Stärkekörner). Ferner tragen zur Quellung bei die Ionen (z.B. K^+, Ca^{++}, $H_2PO_4^-$ u.a.), die sich in Protoplasma und Zellwand befinden. Die Größe ihrer Hydratationshülle hängt von der Ladung und dem Radius der Ionen ab. Bei der Quellung entstehen Drucke, die Hunderte von Atmosphären erreichen können. Schon seit vorgeschichtlichen Zeiten hat man diese Drucke ausgenutzt und z.B. Felsen

gesprengt, indem man trockene Holzkeile, die in das Gestein einge-
bracht waren, mit Wasser übergoß.

Wasser gehört zu den Substanzen, die dazu beitragen, durch Nebenva-
lenzbindungen die großen Eiweißmoleküle in ihrer komplizierten
Struktur zu halten, die Voraussetzung für ihre Funktionsfähigkeit ist.
Das Quellen ruft daher die Aktivität vieler stoffwechselaktiver Substanzen hervor; der Stoffwechsel wird angekurbelt. In Abb. 22 ist das für die
Unterbrechung der Ruhe und das Austreiben von Knospen dargestellt,
wo ähnliche Prozesse ablaufen.

1.2.3 Plasmawachstum

Wie bereits eingangs festgestellt wurde, gehen pflanzliche Zellen immer
aus ihresgleichen hervor. Der Zellteilung geht in der Regel eine Vermehrung der protoplasmatischen Substanzen voraus. Bei diesem Vorgang,
dem Plasmawachstum, läuft eine Vielzahl aufbauender und abbauen-
der Prozesse des pflanzlichen Stoffwechsels ab. Die Zellen des Embryos
werden vom Endosperm mit C-Verbindungen versorgt (Zucker, Aminosäuren u. a.). Eine Zelle, die ohne von außen zugeführte organische
Substanzen nicht wachsen kann, nennt man heterotroph (im Gegensatz
zu den autotrophen Zellen, die CO_2 als C-Quelle verwenden können (s.
Seite 88). Die ersten Phasen der Entwicklung sind daher durch einen heterotrophen Stoffwechsel gekennzeichnet, bis die ersten grünen Blätter
gebildet worden sind.

Enzymatische Katalyse

Die Umsetzungen des pflanzlichen Stoffwechsels gehorchen als chemische Vorgänge den Gesetzen der Chemie. Nach dem Massenwirkungsgesetz gilt für eine Reaktion $A + B \rightleftharpoons C + D$ als Aussage für die
Gleichgewichtslage:

$$\frac{[C] \times [D]}{[A] \times [B]} = K$$

$K < 1$ bedeutet Gleichgewicht nach $A + B$, also nach links verschoben.

$K > 1$ bedeutet C und D bevorzugt, also Gleichgewicht nach rechts
verschoben.

Für Stoffwechselprozesse ist charakteristisch, daß die statische Gleichgewichtslage nach dem Massenwirkungsgesetz meistens nicht erreicht
wird. Denn es erfolgt eine ständige Zufuhr der umzusetzenden Substan-

zen (A + B) in unserem Beispiel und ein ständiger Verbrauch oder Ab-
fluß der Produkte (C + D). Auch auf diese Weise entsteht ein (dynami-
sches) Gleichgewicht, das Fließgleichgewicht. Freiwillig läuft die Reaktion immer vom energiereicheren zum energieärmeren Zustand (der
Gleichgewichtslage). Dabei wird ein der betreffenden Reaktion ent-
sprechender Energiebetrag, die „freie Energie", freigesetzt (exergoni-
sche Reaktion). In umgekehrter Richtung, gegen das Energiegefälle,
kann eine Reaktion nur laufen, wenn Energie zugeführt wird (endergo-
nische Reaktion). Die Richtung der Reaktion wird durch die Richtung
des Energiegefälles gegeben, nicht aber die Geschwindigkeit. Ein großer
Teil der biochemischen Umsetzungen im Stoffwechsel würde unter den
Bedingungen im lebenden Organismus (niedrige Temperaturen, keine
sehr sauren oder sehr alkalischen Verhältnisse, atmosphärischer Luft-

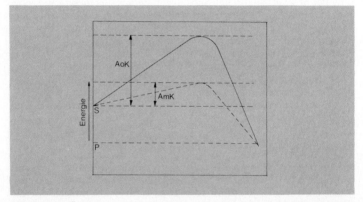

Abb. 23. Die Änderung der freien Energie (Δ G) bei einer exergonischen Reaktion mit und ohne Katalysator. A_{oK} Aktivierungsenergie ohne, A_{mK} Aktivierungsenergie mit Katalysator, P Energieniveau des Produkts, S Energieniveau
des Substrats (nach GREULACH und ADAMS).

druck) außerordentlich langsam verlaufen, wenn der Organismus nicht
zum Hilfsmittel der Katalysatoren greifen würde. Katalysatoren sind
Substanzen, die in kleinen Mengen große Umsätze bewirken, ohne
selbst im Endprodukt zu erscheinen oder eine dauernde Umwandlung
zu erfahren. Sie können Reaktionen beschleunigen, nicht jedoch das
Gleichgewicht verschieben. Auch in der Technik werden langsam an-
laufende Reaktionen katalysiert. Durch eine geeignete Verteilung der
reagierenden Substanzen wird die Reaktion „erleichtert", der Energiebetrag, der auch bei exergonischen Reaktionen zum Anlaufen der Reak-

tion zunächst aufgebracht werden muß (Aktivierungsenergie) wird herabgesetzt (Abb. 23).

Die Katalysatoren der lebenden Organismen sind die **Enzyme** (Fermente). Es sind Proteide mit einem Eiweißanteil, dem Apoenzym, und dem Coenzym (= prosthetische Gruppe): das gesamte Molekül heißt Holoenzym:

$$\text{Coenzym} + \text{Apoenzym} = \text{Holoenzym}.$$

Die Coenzyme können sehr verschiedener chemischer Natur sein. Bestandteile vieler Coenzyme waren bereits längst, ehe man um ihre biokatalytische Funktion wußte, als „Vitamine" bekannt. Die herabsetzende Wirkung auf die Aktivierungsenergie kann dadurch verständlich gemacht werden, daß die räumliche Konfiguration des Enzyms geeignet

Abb. 24. Wirkung eines Enzyms (Hydrolase), schematisch. a = Das ungespaltene Molekül nähert sich der Oberfläche des Enzyms, b = Molekül an die Enzymoberfläche adsorbiert und hydrolytisch gespalten, c = Die Spalthälften lösen sich von der Enzymoberfläche. Die Moleküle sind nur als Symbole aufzufassen und sollen keine bestimmte Verbindung repräsentieren. Da sich das „Schlüssel-Schloß-Prinzip" auf die räumliche Konfiguration bezieht, gibt die Darstellung in einer Ebene die wirklichen Verhältnisse nur recht unvollkommen wieder (aus NULTSCH).

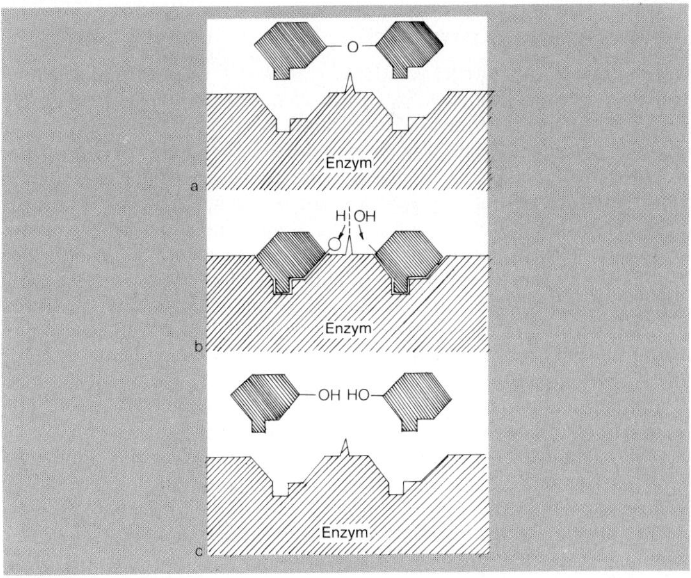

ist, die umzusetzenden Substanzen (Substrate) und ihren Reaktions-
partner in einer Lage zu fixieren, in der sie leicht miteinander reagieren
können. Das Substrat paßt wie ein Schlüssel in die räumliche Struktur
des Enzyms (Schloß) hinein (Abb. 24). Oft sind Enzyme in größerer
Zahl zu strukturellen Einheiten verbunden (Multi-Enzym-Komplexe).
Dann können die Produkte der ersten Reaktion durch sehr kurze Diffu-
sionswege zu den Enzymen gelangen, die die nächste Reaktion katalysieren. Durch das **Schlüssel-Schloß-Prinzip** ist verständlich, daß sie eine
mehr oder weniger hohe Substratspezifität besitzen, außerdem katalysiert jedes Enzym nur eine bestimmte Umsetzung eines Substrates, besitzt also eine Wirkungsspezifität.
Die Namen von Enzymen werden durch die Endung -*ase* gekennzeichnet. Sie werden nach Reaktionstypen des Stoffwechsels klassifiziert: So
katalysieren Hydrolasen die Spaltung von Substraten unter Wasserein-
tritt (bzw. die Synthese unter Wasseraustritt), Oxido-Reduktasen Oxi-
dations- bzw. Reduktionsvorgänge, Transferasen übertragen Teile von
Molekülen, Lyasen spalten C-C-, C-O-, C-N-Bindungen ohne Wasser,
Ligasen binden C-C-, C-O-, C-N-Bindungen ohne Wasser, Isomerasen
sind bei intramolekularen Umlagerungen beteiligt. Erhebliche Teile der
Cytoplasma-Eiweiße sind die Enzyme. Ihre Aktivität hängt von den Bedingungen in der Zelle wie Temperatur, pH-Wert, Substrat-Konzentra-
tion u. a. ab.

Mobilisierung der Reservestoffe

Wenn oben gesagt wurde, daß der verbesserte Wasserzustand während
und nach der Quellung den Stoffwechsel aktiviert, so bedeutet das, daß
die vorhandenen Enzyme aktiviert und die Neubildung anderer Enzyme
induziert werden. Dadurch kommen die abbauenden Prozesse im Endosperm in Gang, die die Speichersubstanzen in ihre niedermolekularen
Bausteine zerlegen. Da bei vielen Kulturpflanzen Stärke als wichtigste
Speichersubstanz auftritt, sei mit der Besprechung des Stärkeabbaus
begonnen. Hieran sind mehrere Enzyme beteiligt: Beim hydrolytischen
Abbau trennt die α-Amylase kleine Einheiten von 6(–7) Glucosen von
der Amylose bzw. den Ästen des Amylopektins ab. Sie schlitzt die Röhre
auf, so daß immer eine Spiralwindung abfällt. Die β-Amylase spaltet
vom Ende her Bruchstücke mit 2 Glucosen (Maltose) ab. Dabei kann sie
die Amylose ganz, Amylopektin nur bis zu den Verzweigungen (1–6-
Bindungen!) abbauen. Ein weiteres Enzym (das sog. R-Enzym) hydroly-
siert schließlich auch die 1–6-Bindungen; die Maltase zerlegt die Maltose in 2 Glucose-Grundeinheiten. (Man spricht davon, daß ein Enzym
eine bestimmte Reaktion „ausführt", auch wenn man sich darüber im
Klaren ist, daß es diese Reaktion nur katalysiert.) Eine Hydrolyse der
Stärke kommt im Endosperm vor, wo große Mengen an Stärke rasch
mobilisiert werden müssen. Weiter verbreitet in Pflanzen ist der phos-

phorolytische Abbau: Phosphorylasen spalten von den Enden der Spiralketten immer eine Glucose ab und übertragen sie auf einen Phosphatrest. Als Endprodukt entsteht Glucose-1-phosphat. Phosphorylasen können nur die 1–4-Bindungen spalten, die 1–6-Bindungen müssen auch in diesem Fall hydrolytisch gespalten werden.

Glykolyse

Das Endprodukt des Stärkeabbaus gelangt in den Embryo und wird von dessen Zellen in zweierlei Weise weiterverwendet:

1. im sog. Baustoffwechsel bei aufbauenden (Synthese-)Prozessen zum Einbau in oder Umbau zu körpereigenen Substanzen (= Assimilation);
2. im sog. Betriebsstoffwechsel bei abbauenden Prozessen zum Gewinn von chemischer Energie.

Beide Prozesse laufen beim Plasmawachstum gleichzeitig ab. Glucose kann hierbei sowohl C-Quelle als auch Energiequelle der Zelle sein. Unverändert eingebaut werden kann Glucose in Kohlenhydrate (z. B. Cellulose) oder in Glykoside (s. Seite 32). Der Umbau in andere Substanzen erfolgt über die Glykolyse, die zugleich das erste Stück des wichtigsten Abbauweges darstellt. Als Beispiel eines Stoffwechselweges soll dieser Prozeß hier kurz besprochen werden.

Wie in vielen ähnlichen Fällen benutzt die Zelle nur phosphorylierte Moleküle, die energiereicher, reaktionsfähiger sind als die phosphatfreien Moleküle, und geht aus vom Glucose-6-phosphat. Bei dem Endprodukt der Phosphorolyse, dem Glucose-1-phosphat, muß das Phos-

Abb. 25. Die Struktur von Adenosintriphosphat (ATP) bzw. Adenosindiphosphat (ADP); ~ energiereiche Bindung.

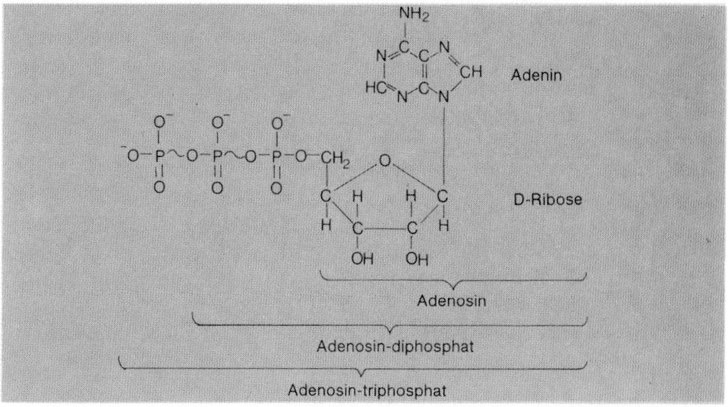

phat vom 1. C-Atom zum 6. C-Atom versetzt werden. Das Endprodukt der Hydrolyse, Glucose, muß erst mit Phosphat versehen werden. Das Energieniveau des Glucosephosphats ist um 3,3 kcal/Mol höher als das der Glucose*. Die Reaktion wird dadurch ermöglicht, daß das Phosphat in einer besonders energiereichen (= reaktionsfähigen = labil gebundenen) Form angeboten wird, nämlich dem Adenosintriphosphat (ATP). Dieses stellt ein Nucleotid dar, das an dem Nucleosid Adenosin (Adenin + Ribose) drei Phosphatreste trägt (Abb. 25). Die Bindungen zwischen den Phosphaten sind energiereich: 7,3 kcal/Mol werden bei der Abspaltung zu Adenosindiphosphat frei. Die Reaktion wird dadurch exergonisch:

Glucose + Phosphat	→ Glucose-6-phosphat	− 3,3 kcal
ATP	→ ADP + Phosphat	+ 7,3 kcal
Glucose + ATP → Glucose-6-phosphat + ADP		+ 4,0 kcal

Die Übertragung des Phosphats vom ATP auf die Glucose erfolgt natürlich ebenfalls durch ein Enzym.

Da ATP bei sehr vielen Reaktionen eingreift (in manchen Fällen sind es andere, ähnlich gebaute Nucleotide), ist es die Schlüsselsubstanz für den Energiehaushalt der Zelle, und das energiereiche Phosphat stellt die Energiewährung der Zelle dar.

Der weitere Verlauf der Glykolyse ist folgender (Abb. 26): Glucose-6-phosphat wird durch intramolekulare Umwandlung in Fructose-6-phosphat umgewandelt, mit einem Phosphat in Fructose-1,6-diphosphat überführt, in 2 Bruchstücke mit je 3 C-Atomen aufgespalten, die in einem stark exergonischen Schritt zu 3-Phosphoglycerinsäure oxidiert werden. Nach Abspaltung des je einen im Teilstück verbleibenden Phosphats und nach intramolekularen Umwandlungen entsteht die im Stoffwechsel vielseitig verwendbare Brenztraubensäure ($C_3H_4O_3$).

Bei der Bildung der Phosphoglycerinsäure ist eine Substanz beteiligt, die in viele Oxidations- und Reduktionsprozesse der Zelle eingreift. Es handelt sich um das Nicotinsäureamid-adenin-dinucleotid (NAD), dessen eine Base in oxidierter oder reduzierter Form vorliegen kann und daher als H-Überträger geeignet ist (Abb. 27). Diese Substanz und eine Reihe weiterer, auf die nicht im einzelnen eingegangen werden kann, zeigen wieder die vielseitige Verwendbarkeit des Nucleotid-Bauprinzips.

Während die Enzyme der Glykolyse im Grundplasma sitzen, findet der weitere Abbau in den Mitochondrien statt. Hier wird der C_3-Körper Brenztraubensäure in einem zyklischen Prozeß (**Citronensäurezyklus**) abgebaut. In diesem Zyklus werden 3 CO_2 abgespalten und es treten 4 weitere Oxidationsschritte auf, bei denen 8 H von Coenzymen aufgenommen werden.

---

* 1 kcal = 4,2 kJ

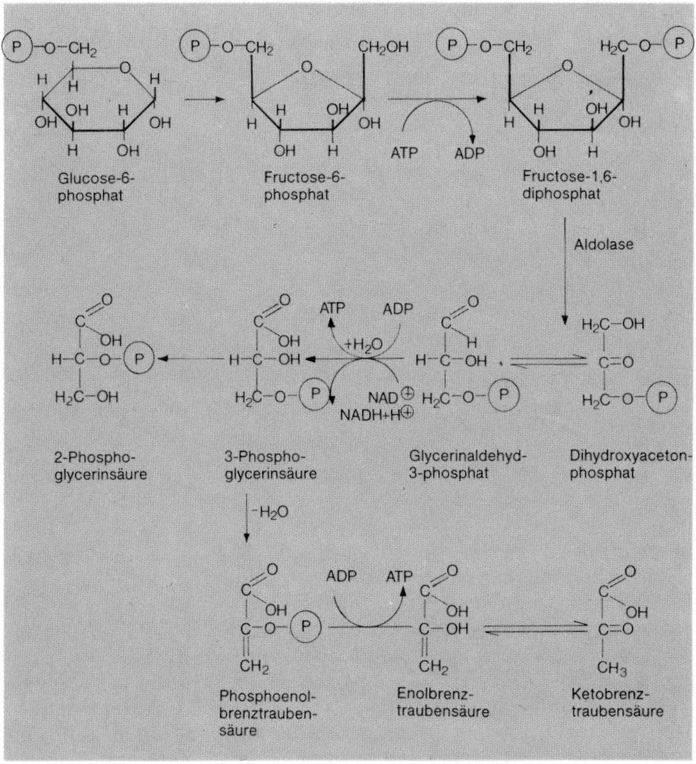

Abb. 26. Glykolyse.

Atmung

Wo bleiben nun die reduzierten Substanzen? Letztlich wird der Wasserstoff auf Sauerstoff übertragen. Das geschieht über eine größere Anzahl von Zwischenträgern, die in einer Reihe, der Atmungskette angeordnet sind.

Auch diese Phase, die **Endoxidation**, findet in den Mitochondrien statt. Beim schrittweisen Weitergeben der H-Atome bzw. der Elektronen wird die große Energiespanne von 57 kcal, die einer Übertragung von H_2 auf O_2 entspricht, bzw. 52 kcal bei der Übertragung von NADH + H^+ auf O_2, in kleinen Teilbeträgen frei, die die Zelle (zur Bildung von ATP) verwerten kann. Es ist daher irreführend, die Vorgänge der biologischen Oxidation als Verbrennung zu bezeichnen, denn bei einer Ver-

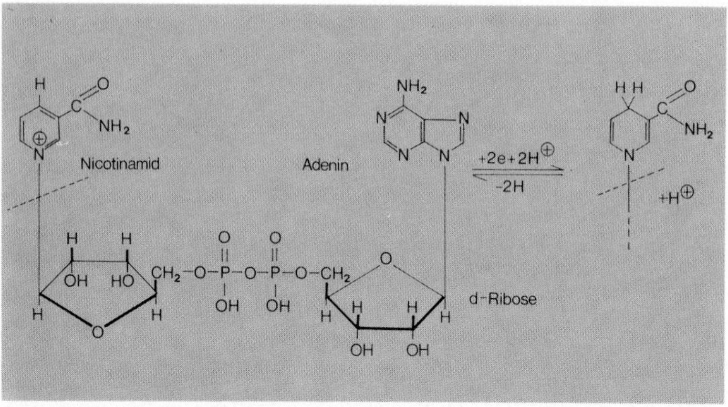

Abb. 27. Nicotinsäureamid-Adenin-Dinucleotid (NAD), links oxidierte Form (NAD$^+$), rechts reduzierte Form (NADH + H$^+$).

brennung wird die Energie schlagartig als Wärme- und Lichtenergie frei, während nur sehr wenig chemische Energie zurückbleibt.

In der Atmungskette treten Coenzyme als Elektronenüberträger auf, die ein weiteres wichtiges biologisches Bauprinzip der Zelle zeigen, das noch erwähnt werden muß: die Cytochrome. Ihr Molekül enthält den Porphyrinring (s. Abb. 50, Seite 83). In dessen Zentrum befindet sich ein Eisen-Ion, das nach Reduktion als Fe^{++}, nach Oxidation als Fe^{+++} vorliegt. Der Porphyrinring tritt im Chlorophyll (mit Mg im Zentrum) und bei Tieren im Hämoglobin (wieder mit Fe im Zentrum) ebenfalls auf.

Glykolyse, Citronensäurezyklus und Endoxidation sind die drei Abschnitte des großen Prozesses, in dem Glucose vollständig zu CO$_2$ und H$_2$O oxidiert (abgebaut) wird. Wir können die drei Phasen zu folgenden Summenformeln zusammenfassen (E = Coenzyme):

Glykolyse
(Grundplasma)
$$C_6H_{12}O_6 + 2\,E \rightarrow 2\,C_3H_4O_3 + 2\,E \cdot H_2$$

Citronensäurezyklus
(Mitochondrien)
$$2\,C_3H_4O_3 + 10\,E + 6\,H_2O \rightarrow 6\,CO_2 + 10\,E \cdot H_2$$

Endoxidation
(Mitochondrien)
$$12\,E \cdot H_2 + 6\,O_2 \rightarrow 12\,H_2O + 12\,E$$

Atmung $C_6H_{12}O_6 + 6\,O_2 \rightarrow 6\,CO_2 + 6\,H_2O + 688\ kcal/Mol$

Im Gesamtprozeß der Atmung werden etwa 40 % der freiwerdenden Energie in Form von 36 ATP festgehalten und stehen der Zelle zur Weiterverwendung zur Verfügung.

Gärungen

In kompakten Geweben höherer Pflanzen, z. B. in Kartoffelknollen, im Holz oder in Samen während der ersten Phasen des Keimens, kann Sauerstoffmangel dazu führen, daß Abbauprozesse ohne Beteiligung von molekularem O_2 ablaufen; man bezeichnet sie als Gärungen. Bei ihnen wird H nicht vollständig zu H_2O und der Kohlenstoff nicht oder nicht vollständig zu CO_2 oxidiert. Die Glykolyse zur Brenztraubensäure läuft in gleicher Weise wie bei der Atmung ab, die Oxidation führt dann zu verschiedenen Endprodukten (Ethanol, Milchsäure, Essigsäure usw.). Der Energiegewinn von Gärungen ist, verglichen mit der Atmung, gering, nämlich pro Glucose 21 kcal bei der alkoholischen Gärung, also der Bildung von Ethanol, bzw. 22 kcal bei der Milchsäuregärung, da die Endprodukte noch ± energiereich sind und die Endoxidation der Atmungskette fehlt. Gärungsvorgänge spielen in höheren Pflanzen nur eine untergeordnete Rolle, während sie in manchen Mikroorganismen sehr wichtig sind.

Intermediärer Stoffwechsel

Wenn die Glucose der organische Hauptnährstoff des Embryos ist, so müssen die Bausteine der verschiedenen Stoffklassen durch Umwandlung von Glucose gebildet werden können. Eine Schlüsselfunktion be-

Abb. 28. Aminierung der α-Ketoglutarsäure zur Glutaminsäure.

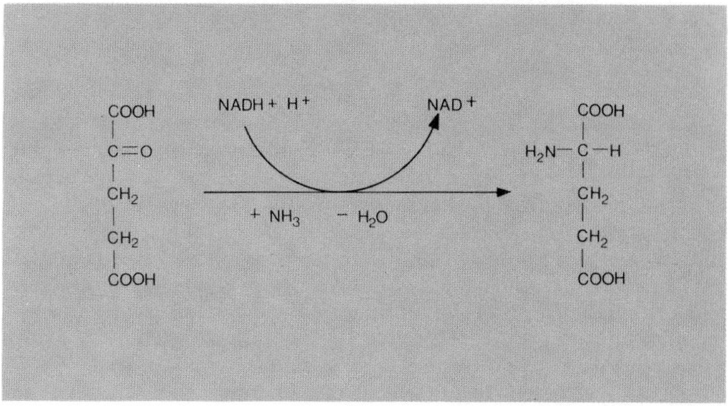

sitzt auch hier die Brenztraubensäure. Das C_2-Bruchstück, das bei ihrem Abbau entsteht, die aktive Essigsäure, ist Ausgangspunkt der Biosynthese der Fettsäuren. Ihr Grundgerüst, das immer eine gerade Anzahl von C-Atomen aufweist (meist 16 oder 18), wird durch mehrfaches Aneinanderfügen dieses C_2-Bausteins gebildet. Glycerin als C_3-Körper kann leicht aus den C_3-Körpern, die bei der Glykolyse auftreten, durch Reduktion entstehen und kann mit den Fettsäuren zu den Fetten (Ölen) verestert werden.

Für die Bildung der Aminosäuren sind mehrere organische Säuren aus dem Citronensäurezyklus, die eine Ketogruppe in unmittelbarer Nachbarschaft der Carboxylgruppe tragen (α-Ketosäuren), besonders wichtig. Eine von ihnen (die α-Ketoglutarsäure) kann mit Hilfe eines entsprechenden Enzyms in der Zelle vorliegendes Ammoniak (bzw. NH_4^+) unter Bildung einer Aminosäure (Glutaminsäure) einbauen (Abb. 28).

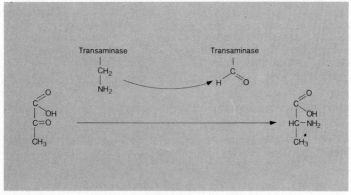

Abb. 29. Transaminierung von Brenztraubensäure zu Alanin.

Von dort kann die Aminogruppe durch NH_2-Gruppen übertragende Enzyme (Transaminasen) auf weitere α-Ketosäuren unter Bildung von Aminosäuren übertragen werden. Als Beispiel hierfür kann wieder die Reaktion mit der Brenztraubensäure angeführt werden (Abb. 29).

Nicht für alle Aminosäuren stehen geeignete Ketosäuren zur Verfügung. Die meisten Pflanzen sind aber, im Gegensatz zu den Tieren, in der Lage, auf verschiedenen Wegen alle notwendigen Aminosäuren selbst zu synthetisieren. Dem Embryo werden aus den Speichersubstanzen des Endosperms z. T. auch fertige Aminosäuren zugeführt.

Wir stoßen damit auf die Tatsache, daß auch Fette und Eiweiße, die ja häufig als Speicherstoffe auftreten, unter Energiegewinn wieder abgebaut (veratmet, vergoren) werden können. Bei der Veratmung der Glucose liegt der Respiratorische Quotient

$$RQ = \frac{\text{Volumen gebildetes } CO_2}{\text{Volumen gebrauchtes } O_2}$$

entsprechend der Atmungsgleichung (s. Seite 48) bei 1,0. Dagegen wird bei den weniger hoch oxidierten Eiweißen oder gar Fetten mehr O_2 verbraucht, so daß der RQ auf 0,8 (Eiweiße) bzw. 0,7 (Fette) sinkt. Dementsprechend ergibt sich bei Fetten auch die höchste Energieausbeute (9,1 kcal/g), während man bei Kohlenhydraten und Eiweißen etwa 4,1 kcal/g rechnen kann.

Die äußerst vielfältigen Beziehungen zwischen den zahlreichen Substanzen des Stoffwechsels können hier nur soweit angedeutet werden, daß die Zusammenhänge zwischen den großen organischen Stoffklassen verständlich werden (Abb. 30). Es muß nun noch besprochen werden, auf welche Weise die Proteine aus den Aminosäuren synthetisiert werden.

Abb. 30. Schema des intermediären Stoffwechsels.

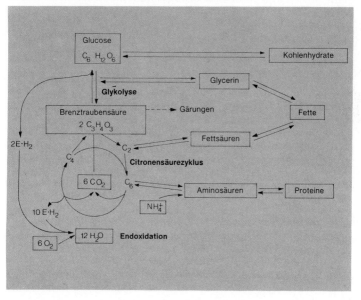

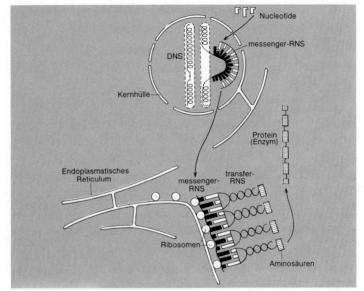

Abb. 31. Schema der Proteinbiosynthese (nach Mohr). Erläuterung im Text.

Proteinsynthese und Zellsteuerung

Die Synthese der Protein-Makromoleküle, insbesondere der Enzym-Proteine mit der jeweils richtigen, spezifischen Aminosäuresequenz ist einer der wichtigsten Vorgänge der Zellentwicklung. Sie wird von der DNS des Zellkerns gesteuert (heterokatalytische Funktion der DNS, vgl. Seite 28). Um wirksam werden zu können, muß die in der DNS enthaltene Information in das Cytoplasma übertragen werden. Zu diesem Zweck wird an einem DNS-Strang nicht (wie bei der autokatalytischen Funktion) ein komplementärer DNS-Strang, sondern ein komplementärer RNS-Strang gebildet. Die RNS-Stränge umfassen dabei jeweils nur einen Abschnitt der DNS und können, je nach der Größe des zu bildenden Proteins, von verschiedener Länge sein. Die genetische Information (Nucleotidsequenz) der DNS ist dabei komplementär in die Nucleotidsequenz der RNS umgesetzt worden. Diesen Vorgang nennt man Transkription. Die RNS, die auch als messenger (Boten)-RNS (m-RNS) bezeichnet wird, löst sich ab und wandert durch die Poren der Kernhülle in das Cytoplasma. Dort legt sie sich an eine Reihe von Ribosomen heran, die dem Endoplasmatischen Reticulum aufsitzen (Abb. 31). Sie tref-

fen hier mit kleinen, nur etwa 70–80gliedrigen Molekülen der trans-
fer-RNS (t-RNS) zusammen, die am Ende eine Aminosäure und innerhalb der Kette eine Erkennungsregion aus 3 Nucleotiden (Anticodon)
besitzen. Die t-RNS-Moleküle legen sich so an die m-RNS, daß das Anticodon jeweils zu einer komplementären Anordnung der Nucleotide
auf der m-RNS, dem Codon, paßt. Bestimmte Anticodon- bzw. Co-
don-Gruppen bezeichnen bestimmte Aminosäuren, so daß man vom
genetischen Code spricht. Es wird dadurch die Nucleotidsequenz der
RNS in eine Reihenfolge von Aminosäuren umgesetzt. Dieser Vorgang
wird als Translation bezeichnet. Die Aminosäuren liegen an ihrer jewei-
ligen t-RNS in der richtigen Sequenz nahe beieinander und können
durch Peptidbindungen zu Proteinen verbunden werden.

Eine genetische Steuerung der Entwicklung ist durch den Mechanismus
der Proteinsynthese nur dann gegeben, wenn die jeweils in jeder Phase
gerade notwendigen Proteine gebildet werden. Es müssen also zu verschiedenen Zeiten unterschiedliche Gene aktiv sein und nicht etwa alle
auf einmal.

Die Frage nach der Enzyminduktion verschiebt sich damit auf die Frage
nach der Gen-Regulation. Gene können von Induktoren aktiviert und
von Repressoren in ihrer Tätigkeit gehemmt werden. Repressor kann
z. B. das Produkt der Reaktion sein, das von dem durch das betreffende
Gen codierte Enzym katalysiert wird, Induktor das umzusetzende Substrat. Offenbar können auch Hormone die Rolle der Induktoren spielen
(Abb. 32). Hormone sind dem Laien mehr aus dem Tierreich geläufig,

Abb. 32. Hormonwirkung. Das Hormon wirkt als Induktor, indem es sich mit
dem Repressor verbindet. Dadurch wird ein Gen aktiviert, das nun den Prozeß
der Proteinbiosynthese (s. Abb. 31) einleiten kann (nach KARLSON).

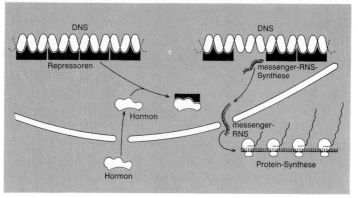

aber auch die pflanzliche Entwicklung wird durch eine Reihe von Phytohormonen, wenn sie auch geringer an Zahl sind, reguliert. Das gilt schon für die bisher besprochenen Vorgänge, wie am Beispiel der Keimung gezeigt werden soll.

Hatten wir am Beginn der Keimung von der Mobilisierung der Reservestoffe, z. B. dem Abbau der Stärke durch Amylasen gesprochen, so fragen wir jetzt nach der Induktion der Enzyme. Antwort: Sie geschieht durch ein Hormon, das im Embryo gebildet wird und chemisch zur Gruppe der Gibberelline gehört. Nach den heutigen Vorstellungen aktiviert das Hormon das für die Produktion der α-Amylase verantwortliche Gen. Kennzeichen des Ansatzes der Wirkung an sehr früher Stelle der Kausalkette ist, daß die Gibberelline, wie die anderen Hormone, in minimalen Konzentrationen wirken und eine Vielzahl von Symptomen beeinflussen (so wirken Gibberelline auch bei der Zellteilung, beim Streckungswachstum und der Blütenbildung mit). Ein anderes Hormon, die Abscisinsäure, wirkt entgegengesetzt, indem sie die Samenruhe aufrecht erhält. Ihre Wirkung kann in bestimmten Fällen von Gibberellinen aufgehoben werden.

1.2.4 Teilungswachstum

Die Phase des Plasmawachstums läßt sich von den beiden folgenden Phasen nicht absolut trennen, da bis zum Streckungswachstum hin Syntheseprozesse ablaufen. Auf jeden Fall hat sich aber vor Beginn der Teilung die Menge des DNS exakt verdoppelt. Die Chromosomen sind dann in 2 Teile (Chromatiden) längs gespalten. Die Zellteilung (Mitose) wird durch die Kernteilung eingeleitet, die im Verlaufe einiger Stunden mehrere Phasen durchläuft (Abb. 33):

1. **Prophase:** Die Chromosomen beginnen sich zu spiralisieren. Die Mikrotubuli werden von der Peripherie des Protoplasmas zum Zellkern verlagert.

2. **Metaphase:** Die Chromosomen werden weiter kontrahiert und ordnen sich in der Mitte der Zelle zur Äquatorialplatte an; die Kernhülle zerfällt und die Nucleoli lösen sich auf.

3. **Anaphase:** Die Chromosomen erreichen ihre stärkste Verkürzung (Transportform!); an den beiden Enden der Zellen bilden sich Fasermassen (Polkappen), von denen aus ein System von Fasern (Spindel) gebildet wird; die Spindelfasern (= Bündel von Mikrotubuli) setzen am Centromer der Chromosomen an; es wird jeweils ein Chromatid an jeweils einen Pol der Zelle gezogen.

4. **Telophase:** Die Tochterchromosomen konzentrieren sich in zwei Tochterkernen und beginnen sich zu entspiralisieren; es bilden sich die Hüllen und die Nucleoli der Tochterkerne.

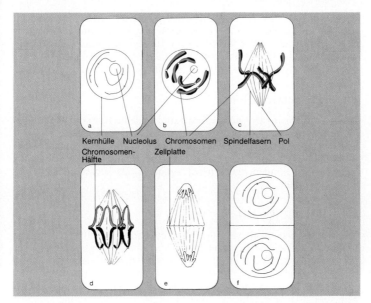

Abb. 33. Verlauf der Mitose: a und b Stadien der Prophase. Es sind 2 Chromo-somenpaare vorhanden, von denen eines das Centrometer nahe der Mitte, eines nahe dem einen Ende hat. c = Metaphase, d = Anaphase, e = Telophase, f = die zwei Tochterzellen (nach WEIER, STOCKING und BARBOUR).

In der Mitte der Spindel schwellen dann die Fasern an und bilden die Zellplatte (s. Seite 18), worauf sich die Zellteilung durch Bildung einer Wand zwischen den Tochterzellen vollendet. Jede Tochterzelle hat den vollständigen Chromosomensatz der Mutterzelle erhalten; die Mitose heißt daher auch erbgleiche Teilung (vgl. dagegen Meiose, Seite 118). Bei vielen Pflanzen läuft nicht selten eine Chromosomenverdopplung ohne nachfolgende Kern- und Zellteilung ab *(Endomitose)*. Der di-ploide Chromosomensatz (2n) erhöht sich dabei auf 4n usw. Dadurch entstehen tetraploide, oktoploide bzw. allgemein: polyploide Organe oder Gewebe.

Auch die Induktion der Kern- und Zellteilung unterliegt hormonalen Einflüssen, insbesondere durch die Cytokinine, und die Auxine, von denen das wichtigste die β-Indolyl-Essigsäure ist. Beide Gruppen von Hormonen wirken auch bei vielen anderen Entwicklungsprozessen mit, so die Cytokinine bei der Keimruhe von Samen, bei der Knospenhem-mung und beim Streckungswachstum, und die Auxine bei der Gewebeabtrennung vor dem Blatt- und Fruchtfall, bei der Aktivierung sekundärer Meristeme und ebenfalls beim Streckungswachstum. Es gibt aber doch Schwerpunkte der Wirkung: Die Gibberelline regeln die Bildung der Enzyme, die die Reservestoffe mobilisieren, die Cytokinine induzieren die Zellteilungen, das Auxin regelt die Zellstreckung (s. Seite 66).

1.2.5 Streckungswachstum

Nach Vermehrung der Zellsubstanz und Zellzahl folgt die irreversible Volumenvergrößerung, nach der eigentlich Wachstum definiert ist. Der größte Teil des neuen Volumens wird von Wasser eingenommen. Dabei kommt es zur Bildung der großen Zentralvakuole. Um diesen Vorgang verstehen zu können, müssen wir zunächst den Wasserhaushalt der Zelle betrachten.

Wasserhaushalt der Zelle

Wie wir gesehen haben, wird der Wasserzustand der embryonalen Zelle und der Speichergewebe durch ihren Quellungszustand bestimmt, der als Quellungsdruck in atm gemessen werden kann (s. Seite 40). Schon durch die Quellung wird Wasser zum vorherrschenden Inhaltsstoff der Pflanzen. In noch viel stärkerem Maße gilt das beim Streckungswachstum, so daß ausgewachsene Organe insbesondere Blätter und Wurzeln um 80 und mehr % Wasser enthalten und selbst Holz bei etwa 50 % liegt:

Tab. 3. Wassergehalt einiger Pflanzenteile (in % des Frischgewichtes)

trockene Samen	5–15 %
Holz (frisch)	50–60 %
hartlaubige Blätter	60–75 %
weichlaubige Blätter	75–90 %
Beerenfrüchte	85–95 %

Neben die Quellkörper in der Wand und im Protoplasma, das sich auf einen wandständigen Schlauch beschränkt, tritt ein großer Bereich einer wässerigen Lösung, der Zellsaft in der Zentralvakuole.
Wie jede Lösung hat der Zellsaft je nach der Konzentration der in ihm gelösten Substanzen (häufig 0,2–0,8 mol) einen potentiellen osmotischen Druck von O_L atm. Gegenüber reinem Wasser entwickelt die Lösung eine dem O_L numerisch gleiche Saugkraft (Saugspannung) von S_L

atm. Es gilt also: $O_L = S_L$. Es beginnt sich nun ein Ausgleich der Konzentrationen zu entwickeln, indem die Wassermoleküle nach der Seite der Lösung, die gelösten Ionen und Moleküle nach der Seite des reinen Wassers wandern, bis es zum Gleichgewicht kommt. Die treibende Kraft dieser Bewegung, die als **Diffusion** bezeichnet wird, ist die Wärmebewegung der Teilchen. (Da ihr ständiger Aufprall auch größere Teilchen in eine zitternde Bewegung versetzen kann, können die Auswirkungen der Wärmebewegung unter dem Mikroskop als sog. Brownsche Molekularbewegung sichtbar gemacht werden.) Die Richtung der Bewegung ergibt sich aus der Richtung des Konzentrationsgefälles. Die Diffusion kann sowohl in flüssiger als in gasförmiger Phase erfolgen. Eine Lösung oder ein Quellkörper stellt sich auch gegenüber einem Gas (z. B. Luft) bestimmten Feuchtigkeitsgehaltes auf ein Gleichgewicht ein. Bemerkenswert ist aber hier, daß zwischen Lösung und Gas fast nur die Wassermoleküle wandern, da der Dampfdruck der größeren gelösten Moleküle und Ionen meistens sehr gering ist. Die Diffusion ist also behindert und umfaßt nicht alle am Zustandekommen des osmotischen Wertes beteiligten Substanzen. Auch in der Zelle ist ein Ausgleich der Konzentrationen nicht durch Wanderung aller Stoffe

Abb. 34. Pfeffersche Zelle (Schumacher aus Strasburger).

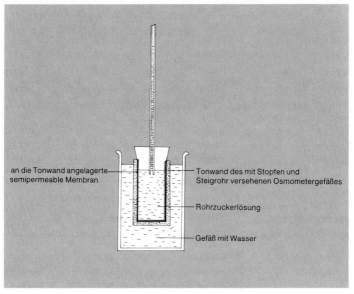

an die Tonwand angelagerte semipermeable Membran

Tonwand des mit Stopfen und Steigrohr versehenen Osmometergefäßes

Rohrzuckerlösung

Gefäß mit Wasser

möglich, da sich in ihr ein System von Membranen befindet, die zwar Wasser schnell, größere gelöste Moleküle und Ionen nur sehr langsam hindurchlassen. Man nennt die Membranen daher „halbdurchlässig", **semipermeabel**. Diffusion durch semipermeable Strukturen bezeichnet man als **Osmose**. Die Zelle stellt also ein osmotisches System dar. Die semipermeablen Strukturen sind die Zellmembranen, während die primäre Zellwand für Wasser und gelöste Stoffe voll passierbar permeabel) ist.

Ein Modell für dieses System stellt die sog. Pfeffersche Zelle vor (Abb. 34): Eine Lösung wird umschlossen von einer semipermeablen Hülle, die, um ein Zerreißen zu verhindern, auf einem Tonwiderlager liegt. Außen befindet sich Wasser. Je nach der Konzentration der Innenlösung wird nun eine gewisse Menge an Wasser von außen nach innen eintreten, während die Bewegung der gelösten Substanzen von innen nach außen behindert ist. Es wird daher ein hydrostatischer Druck auftreten, der mit einem angeschlossenen Manometer gemessen werden kann. Wende ich von außen einen entsprechenden Druck an, so kann ich das Einströmen von Wasser verhindern, so daß die Saugkraft des Innenraumes (S_I) nicht mehr identisch ist mit dem potentiellen osmotischen Druck (O_I), sondern um den hydraulischen Druck P verringert wird: $S_I = O_I - P$. Bei diesem Modell entspricht der Innenraum der Vakuole mit dem Zellsaft, die semipermeable Hülle dem Plasmaschlauch und seinen semipermeablen Membranen (insbesondere Tonoplast und Plasmalemma) und der Außenraum dem Diffusionsraum des Wassers in der Zellwand und der Umgebung der Zelle. Aus diesem Raum strömt ebenfalls Wasser in den Innenraum der Zelle ein, ohne daß gelöste Substanzen im gleichen Maße austreten, so daß auf die Wand ein hydrostatischer Druck, der Turgordruck, ausgeübt wird. Ihm entspricht der Gegendruck von der Wand her, der Wanddruck, der die Saugkraft des Zellinneren herabsetzt; $S_z = O_z - W_z$. Liegt die Zelle im Gewebeverband, so werden die benachbarten Zellen durch ihre Gewebespannung (A) den Gegendruck erhöhen: $S_z = O_z - (W_z + A)$. Die osmotischen Zustandsgrößen S, O und W (wenn wir von A einmal absehen) zeigen dabei folgenden Zusammenhang (Abb. 35): Bei zunehmendem Wassergehalt erhöhen sich Wanddruck und Turgordruck. Die Zelle wird turgeszent und dehnt sich aus. O nimmt wegen der dabei eintretenden Verdünnung des Zellsaftes etwas ab. Schließlich wird $W_z = O_z$ werden, dann ist $S_z = O$, so daß kein Wasser mehr aufgenommen wird. Bei abnehmendem Wassergehalt nimmt mit W_z auch der Turgor ab, die Pflanze welkt und O_z steigt wegen erhöhter Konzentration des Zellsaftes bei Volumenverkleinerung ein wenig an.

Innerhalb einer Zelle werden sich osmotischer Bereich und Quellungskörper im Gleichgewicht befinden; es genügt daher, einen von beiden zu messen, um den Wasserzustand des Zellinneren zu erfassen, z. B. durch

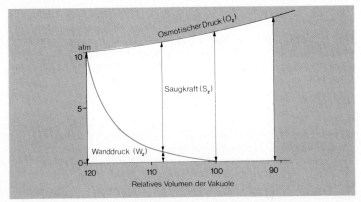

Abb. 35. Osmotische Zustandsgrößen (nach WALTER).

Messung des osmotischen Wertes des Zellsaftes. Für Wasserverschiebungen von Zelle zu Zelle ist die Saugkraft maßgebend, die z.B. durch Ermittlung der Konzentration einer Testlösung gemessen werden kann, bei der eine Zelle bzw. ein Gewebe weder Wasser aufnimmt noch Wasser abgibt. Aus der Differenz zwischen Saugkraft und osmotischem Druck läßt sich der Wanddruck näherungsweise berechnen.
Für die Bezeichnung des Wasserzustandes in Zellen sind außer der Angabe der osmotischen Größen in atm zwei weitere Beschreibungsformen üblich, nämlich die der Hydratur und die der Wasserpotentiale.
Bei der Erhöhung des potentiellen osmotischen Druckes in Lösungen ist wie bei der Verringerung des Quellungsdruckes in Quellkörpern bzw. des Dampfdruckes in Gasen (Luft) die freie Beweglichkeit der Wassermoleküle (Wasseraktivität) herabgesetzt. Die relative Wasseraktivität (a), d.h. das Verhältnis zwischen der tatsächlichen Wasseraktivität (p) und der maximalen Wasseraktivität (p_o) in reinem Wasser, liegt in biologischen Systemen immer unter 1. Es gilt also:

$$a = \frac{p}{p_0} < 1.$$

Die relative Wasseraktivität ausgedrückt in % der maximal möglichen Aktivität wird als *Hydratur* bezeichnet:

$$hy = \frac{p}{p_0} \times 100 \ (\%).$$

Die Hydratur stellt ebensowenig wie die osmotischen Größen eine Angabe der Wassermenge dar. Das soll an folgendem Beispiel gezeigt werden. In einem Luftraum befindet sich Wasser in einer Konzentration von 12 mg $H_2O/1\,l$ Luft. Wegen der starken Temperaturabhängigkeit der Sättigungs-Dampfspannung, d. h. der maximalen Wasseraktivität (p_o), bedeutet das bei

15 °C 94 % hy bzw. 60 atm Saugkraft, bei
20 °C 70 % hy bzw. 600 atm Saugkraft.

Bei 15 °C würde im Raum befindliches Brot schimmeln, bei 20° jedoch nicht, da manche Schimmelpilze bei 94 % hy noch wachsen können, bei 70 % jedoch nicht. Schon bei geringer Abnahme der Hydratur steigen die Saugkraftwerte steil an (99 % hy entspricht 13 atm, 90 % hy 140 atm, 60 % hy 680 atm, 30 % hy 1600 atm). Daher eignet sich die Angabe des potentiellen osmotischen Drucks besonders für Zustände hoher, die der Hydratur besonders für Zustände niedriger Wassersättigung.

Während die osmotischen Größen vom osmotischen System der Zelle ausgehen, gibt es auch die Möglichkeit, den Energie-Inhalt des mehr oder weniger stark gebundenen Wassers in den verschiedenen Teilen der Zelle als sog. **Wasserpotentiale** zu beschreiben. Dabei werden neben dem osmotischen Potential P_o und dem Druckpotential P_p alle übrigen durch die Struktur bedingten Potentiale (Quellungskräfte, Kapillarkräfte usw.) zum Matrix-Potential P_M zusammengefaßt. Das Wasserpotential der Gesamtzelle (P_Z) setzt sich dann folgendermaßen zusammen:

$$P_Z = P_o + P_p + P_M.$$

In der Regel sind P_Z, P_o und P_M negativ (Potential-erniedrigend), P_p ist meist positiv.

Während der Wasserzustand der Zellwand allein durch das Matrix-Potential bestimmt wird, ist P_M im Zellsaft gleich Null. Bei der Angabe der osmotischen Zustandsgrößen taucht daher eine P_M entsprechende Größe nicht auf, da hier davon ausgegangen wird, daß der Wasserzustand im Zellsaft maßgebend für die ganze Zelle ist, weil sich Zellsaft, Protoplasma und Zellwand im Gleichgewicht befinden. Das trifft dann nicht zu, wenn von der Zelle nach außen ein Saugkraftgradient besteht.

Bildung der Zentralvakuole und Zellstreckung

Um das Einströmen von Wasser beim Streckungswachstum zu gewährleisten, muß S_Z erhöht werden; es muß also entweder der potentielle osmotische Druck des Zellsaftes erhöht oder der Wanddruck erniedrigt werden. Es hat sich herausgestellt, daß die Plastizität der Zellwand erhöht wird, wodurch sich der Wanddruck verringert. An diesem Vor-

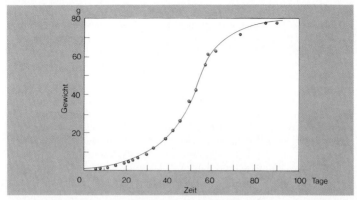

Abb. 36. Die Wachstumskurve einer Maispflanze *(Zea mays).* Angegeben ist die Trockensubstanz als Funktion der Zeit (nach KIMBALL aus MOHR).

gang, den man sich durch Lockerung von Haftpunkten der Makromoleküle der Zellwand erklären kann, ist das Hormon Auxin beteiligt.

Die Wachstumsgeschwindigkeit ist je nach Objekt und Wuchsbedingungen sehr verschieden. Oft liegt sie bei Pflanzenorganen in der Größenordnung von einigen μm/min. Bei Pollenschläuchen hat man im gleichen Zeitraum 20 μm, bei Bambusschößlingen 300 μm und bei Filamenten mancher Gräser bis zu 1000 μm beobachtet. Die hohen Geschwindigkeiten beziehen sich immer auf die Phase des Streckungswachstums. Einzelzellen oder auch ganze Organe oder Pflanzen wachsen nicht ständig oder gleichmäßig, sondern durchlaufen die hier besprochenen Phasen bis eine Endgröße erreicht ist. Sie wachsen also zunächst wenig, dann stärker bis das Wachstum allmählich wieder abnimmt und erlischt. Diesen Vorgang hat schon J. SACHS vor 100 Jahren beobachtet und als große Periode des Wachstums bezeichnet (Abb. 36).

1.2.6   Regulation und Differenzierung

Musterbildung

Auf die Wachstumsphasen des Embryos folgt die Differenzierung in die Anlagen der Organe (Wurzel, Blatt, Sproßachse). Weitere Wachstums- und Differenzierungsphasen folgen bei der Ausbildung der Organe. Die Phasen sind keineswegs absolut getrennt, da die Differenzierung schon bei der Zellstreckung beginnt, während derer aber auch Plasmawachstumsvorgänge ablaufen. Die Schwerpunkte der Phasen folgen aber doch zeitlich aufeinander. Bei diesem Entwicklungsprozeß muß, ebenso wie es eine Regulation für die Zellbestandteile gab, eine weitergreifende Regulation die Arbeitsteilung zwischen den Zellen vornehmen, damit es in gesteuerter Weise zur Bildung unterschiedlicher Gewebe kommen kann. Hierfür sind zwei Dinge notwendig: Die Festlegung einer Richtung (eindimensional) und die Ausbildung von Mustern (zwei oder dreidimensional). Diese Probleme können hier nur ganz kurz angedeutet werden. Richtungsfestlegungen können wir im Phänomen der **Polarität** beobachten: An einem Weidenzweig entstehen Wurzeln immer unten, auch wenn man den Zweig verkehrt herum einpflanzt (Abb. 37). Polarität kann man bis zur Eizelle, also zum Ausgangspunkt der Entwicklung höherer Pflanzen zurückverfolgen. Sie wird durch physikalische und chemische Faktoren induziert, bleibt dann erhalten und bestimmt bei Zellteilungen die Lage der Teilungsebene. Durch gegenseitige stoffliche Beeinflussung, Entstehen von zunächst kleinen Konzentrationsunterschieden zwischen bestimmten Zellen der Pflanzen, kann

Abb. 37. Polarität. Weidenzweige in feuchter Kammer aufgehängt. Links in normaler Lage, rechts invers. Unabhängig von der Lage bilden sich die Wurzeln stets am morphologisch unteren und die Sprosse am oberen Ende der Zweige (nach WALTER).

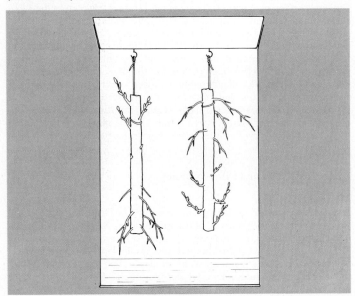

es zu unterschiedlicher Determinierung benachbarter Zellen kommen. Die eingeschlagene Entwicklung einer Zelle verhindert oft eine gleichartige Entwicklung in der unmittelbaren Umgebung (Sperreffekt). So kommt es zur „Musterbildung", zu regulärer Anordnung der Einzelgewebe.

Äußere Faktoren

Die vegetative (wie generative) Entwicklung der Pflanzen wird sehr stark von Außenfaktoren beeinflußt. Zwischen Pflanzen an unterschiedlichen Standorten innerhalb der Ökosysteme (s. Seite 166) bestehen in dieser Hinsicht sehr große, spezifische Unterschiede. An dieser Stelle sei zunächst nur auf die allgemeinsten Beziehungen hingewiesen. Neben der regelmäßigen, ausreichenden Zufuhr von Wasser und Nährstoffen sind die Einflüsse der Temperatur und des Lichtes besonders wesentlich.

Temperatur. Für die pflanzliche Entwicklung ist es erforderlich, daß die Temperatur einen bestimmten Betrag, das Minimum, übersteigt. Bei Temperaturanstieg nimmt die Geschwindigkeit der einzelnen Stoffwechselprozesse zu, bis schließlich der für die Entwicklung optimale Ablauf der Einzelprozesse zustande kommt. Bei weiterer Erhöhung machen sich hemmende Einflüsse bemerkbar, bis bei der maximalen Temperatur die Entwicklung eingestellt wird. Es gibt also in der Temperaturabhängigkeit drei kennzeichnende Punkte, die Kardinalpunkte Mi-

Abb. 38. Temperaturwirkung. Der Feld-Rittersporn *(Delphinium consolida)* keimt bereits bei niedrigen Temperaturen, während der Mais *(Zea mays)* beim Wurzelwachstum höhere Ansprüche besitzt (nach LAUER, SACHS).

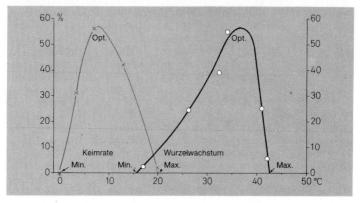

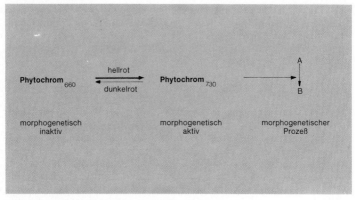

Abb. 39. Schema der Wirkung des Phytochroms.

nimum, Optimum und Maximum (Abb. 38). Das gilt sinngemäß für die Abhängigkeit von anderen Faktoren auch. Die Lage der Kardinalpunkte ist bei den einzelnen Samenpflanzen sehr verschieden; in der Regel liegt aber das Minimum einige Grade über 0°, das Optimum bei 20–30 °C und das Maximum bei 30–40 °C. Es ist allerdings ein Unterschied, ob die Angaben für gleichbleibende Dauertemperatur im Experiment oder für einen Tag-Nacht-Temperaturgang gemacht werden. Einzelne Prozesse können noch weit außerhalb dieses Bereiches stattfinden, und im wenig aktiven Zustand können von manchen Pflanzenorganen sehr tiefe (Frostresistenz bis −80 °C) und sehr hohe (Hitzeresistenz bis über +50 °C) Temperaturen zeitweise ertragen werden.

Licht. Auch hier gibt es ein Minimum, ein Optimum und ein Maximum, das in der Natur allerdings meist nicht erreicht wird. Das Licht spielt eine entscheidende Rolle in der Stoffproduktion, da es für die Photosynthese benötigt wird (s. Seite 88). Das Licht greift aber noch durch andere Mechanismen, nämlich Reiz-Reaktionen (s. Seite 112), in die Entwicklung ein, von denen die Photomorphogenese besonders wichtig ist. Eine Lichtwirkung muß immer über eine Licht absorbierende Substanz, ein Pigment (Farbstoff) gehen. Das Pigment der Photomorphogenese ist das **Phytochrom-System.** Phytochrom kann in zwei verschiedenen Formen vorliegen (Abb. 39): Phytochrom 660, das morphogenetisch inaktiv ist und auch hellrotes Licht (Wellenlänge 660 nm) in das morphogenetisch aktive Phytochrom 730 überführt werden kann. Dieses kann in gewissem Umfang durch dunkelrotes Licht (Wellenlänge 730 nm) in Phytochrom 660 zurückverwandelt werden, vor allem aber wird es im Dunkeln rasch abgebaut. Im Sonnenlicht, das sowohl Hellrot als auch Dunkelrot enthält, wird über Phytochrom 660 ständig genügend Phytochrom 730 nachgeliefert, so daß die Differenzierungsprozesse statt-finden können. Im Dunkeln oder im extremen Schwachlicht aufwach-sende Sprosse zeigen hingegen eine sehr geringe Differenzierung, jedoch wachsen sie stark in die Länge. Diesen ökologisch einleuchten-den Vorgang, der in der Natur häufig dazu führt, daß die oberen Teile der Pflanze in ein günstigeres Lichtklima geraten, bezeichnet man als Vergeilung (Etiolement, Abb. 40). Die Wirkung des Phytochromsy-stems führt u. a. über Genaktivierung. Dementsprechend ist die in den Zellen benötigte Konzentration sehr gering, und die Zahl der Prozesse, die außer der Hemmung des Längenwachstums vom Phytochromsy-stem beeinflußt werden, außerordentlich groß (zu ihnen gehört z. B. die Lichtkeimung, s. Seite 38).

Innere Faktoren

Die Vorstellung von Hormonwirkungen verbinden wir vor allem mit dem tierischen Organismus. Aber auch bei Pflanzen greifen Hormone,

Abb. 40. Keimpflanzen der Pferdebohne *(Vicia faba)* im Alter von 3 Wochen. a = im Dunkeln, b = im Licht herangewachsen. Die Zahlen bezeichnen einan-der entsprechende Knoten (nach SCHUMACHER AUS STRASBURGER).

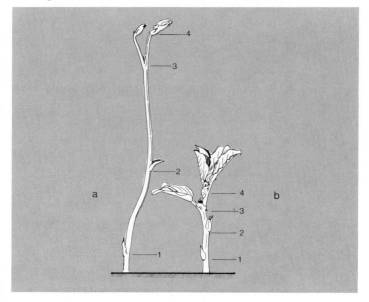

sog. Phytohormone, regelmäßig in die Entwicklung ein, wie bereits an mehreren Stellen erwähnt wurde. Die Phytohormone gehören chemisch ganz verschiedenen Stoffklassen an und wirken häufig mit- oder gegeneinander. Die wichtigsten von ihnen sind folgende:

– Die Abscisinsäure kann in allen Pflanzenorganen gebildet werden und wirkt vor allem hemmend, so löst sie z. B. Ruhezustände aus, greift in die Blütenbildung ein und begünstigt den Laub- und Fruchtfall.

– Die Auxine, auch als Wuchsstoffe bezeichnet, werden in meristematischen Geweben und in Blättern gebildet. Sie fördern das Streckungswachstum, das sekundäre Dickenwachstum und die Seitenwurzelbildung.

– Die Cytokinine werden in wachsenden Geweben gebildet und sind besonders wirksam bei der Zellteilung. Dabei heben sie Ruhezustände auf, fördern das Teilungswachstum, das Streckungswachstum und den Austrieb von Seitenknospen.

– Gibberelline (s. Seite 54).

Abb. 41. Links: Keimpflanze der Gartenbohne *(Phaseolus vulgaris)*. Die Kotyledonen enthalten Speicherparenchym, dessen Nährstoffe beim Wachstum des Keimlings bis zum Ergrünen der Primärblätter aufgebraucht werden.
Rechts: Keimpflanze von Mais *(Zea mays)*.

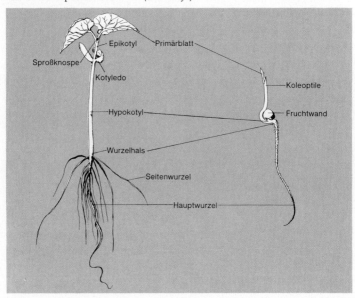

1.3   Vegetative Entwicklung

1.3.1   Wurzel

Entstehung und Bau der Wurzel

Schon der Embryo läßt eine Gliederung in die Organe erkennen. Das Organ, das sich als erstes stärker entwickelt und als erstes nach außen tritt, wenn der heranwachsende Embryo die Samenschale sprengt, ist in aller Regel die Wurzel. Erst später tritt bei den Dikotyledonen die Sproßachse mit den Keimblättern zu Tage (Abb. 41).

Die Zellen in der Wurzelanlage des Embryos sind zunächst noch alle embryonal. Im Zuge der Differenzierung bilden sich Dauergewebe; nur ein kleiner Teil in der Nähe der Wurzelscheitel bleibt meristematisch und ist Träger des weiteren Wachstums.

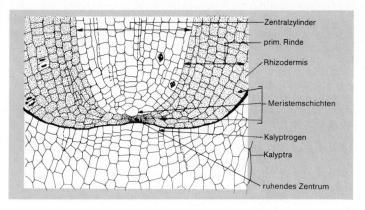

Abb. 42. Meristeme der Wurzelspitze von Mais *(Zea mays)* (aus Esau).

Der Feinbau des Wurzelscheitels ist in Abb. 42 dargestellt. Spitzenwärts (apikal) liegt das Kalyptrogen, ein Meristem, das die Wurzelhaube (Kalyptra) bildet (s. Seite 71). Hinter dem Kalyptrogen liegen mehrere Meristemschichten, die für die Bildung der drei Wurzelbereiche, nämlich der Rhizodermis, der Rinde und des Zentralzylinders, verantwortlich sind. Nicht immer sind diese drei Schichten getrennt vorhanden; bei den meisten Dikotyledonen sind das Kalyptrogen und die Schicht, die die Rhizodermis bildet, verbunden. Im tiefsten Innern der Meristeme befinden sich Zellen, die kaum an der Teilungsaktivität teilnehmen. Sie werden „ruhendes Zentrum" genannt und nehmen Steuerungsfunktionen wahr.

In den Meristemen findet das Plasma- und Teilungswachstum statt. Zeitlich und dadurch auch räumlich getrennt (anschließend) erfolgt das Streckungswachstum in der Streckungszone, erste Differenzierungen zeichnen sich ab. In der Differenzierungszone (Wurzelhaarzone) wird die Gewebegliederung vollendet (Abb. 43).

Die **Rhizodermis** bildet die äußere Zellschicht und stellt das primäre Abschlußgewebe der Wurzel dar. Es enthält zartwandige Zellen mit langen Ausstülpungen, den Wurzelhaaren, und entsteht aus dem Dermatogen. Die Wurzelhaare sind meist sehr kurzlebig (wenige Tage) und sterben beim Älterwerden der Wurzel ab. Die Wurzelhaarzone ist daher auf einen bestimmten Bereich in der Nähe der Wurzelspitze beschränkt. Die Rhizodermis wird dann bald durch ein sekundäres Abschlußgewebe, die **Exodermis**, ersetzt. Ihre Zellen sind durch Anlagerung von Lamellen aus Suberin (Korksubstanz) an die Zellwand schwach verkorkt. Nach innen folgt das **Rindenparenchym**, ein Grundgewebe mit vielen Interzellularen, das oft Speicherfunktion hat. Es bildet zusammen mit der nächstfolgenden Zellschicht, der Endodermis, die Rinde, die aus dem Periblem entsteht. Die **Endodermis** bildet eine lückenlose, einzellige Gewebeschicht (inneres Abschlußgewebe). Im jungen Zustand zeichnet sie sich durch eine bandartige Inkrustierung einer suberinartigen Substanz aus, die sich in der tangentialen Ebene um die Zelle herumzieht und die radialen Wände dadurch für Wasser unpassierbar (impermeabel) macht. Im Mikroskop erscheint dieses Band (nach Anfärbung) als Streifen; es wird daher Casparyscher Streifen genannt. Im sekundären Zustand wird die ganze Zelle mit einer Suberinlamelle ausgekleidet, so daß ein Wasserdurchtritt auch durch das Zellinnere fast unmöglich wird. Bei manchen Monokotyledonen schließlich entsteht noch ein dritter Zustand, in dem durch Auflagerung verholzter Cellulose-Lamellen sehr dicke Wände entstehen. Die Endodermiszellen sterben ab. Einzelne Zellen bleiben als sogenannte Durchlaßzellen unverdickt. Die inneren Teile der Wurzel werden als Zentralzylinder zusammengefaßt; sie entstehen aus dem Plerom. Seine äußerste Zellschicht heißt **Perizykel** und ist verantwortlich für die Anlage von Seitenwurzeln. Im übrigen enthält der Zentralzylinder die für den Stofftransport wichtigen Gewebe, die **Leitgewebe.** Sie gliedern sich in den Holzteil (Xylem), in dem der Transport von Wasser und gelösten anorganischen Stoffen im Zuge des Transpirationsstromes von unten nach oben erfolgt, und den Siebteil (Phloem), in dem der Transport organischer Substanzen vom

---

Abb. 43. Bau einer Wurzelspitze, schematisch. Links in Aufsicht, rechts im Längsschnitt, oben im Querschnitt (aus NULTSCH).

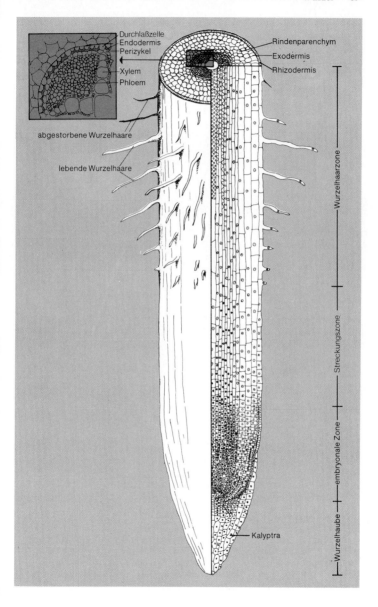

Durchlaßzelle
Endodermis
Perizykel
Xylem
Phloem

Rindenparenchym
Exodermis
Rhizodermis

abgestorbene Wurzelhaare

lebende Wurzelhaare

Kalyptra

Wurzelhaarzone
Streckungszone
embryonale Zone
Wurzelhaube

Bildungsort zum Verbrauchsort geschieht. Phloem und Xylem zusammen bilden das Leitbündel, das wegen der radialen Anordnung der Xylemstränge, zwischen denen die Phloempartien liegen, als radiales Leitbündel bezeichnet wird. Die Leitgewebe der Wurzel setzen sich in den Leitgeweben des Sprosses fort und sollen dort näher besprochen werden

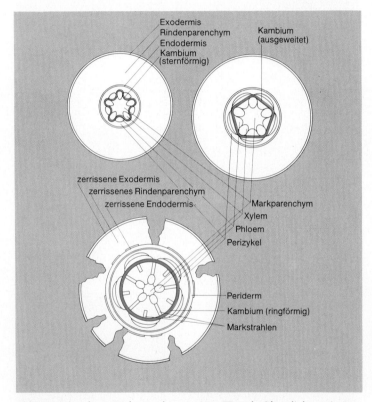

Abb. 44. Sekundäres Dickenwachstum einer Wurzel. Oben links: primärer Zustand mit zentralem, radialem Leitbündel. Oben rechts: Das Kambium hat seine Tätigkeit aufgenommen und die älteren Teile des Phloems nach außen geschoben. Unten: Das Kambium ist auf dem gesamten Umfang tätig. Die Rinde ist infolge der Dilatation gesprengt. Der Perizykel bildet innerhalb der gleichfalls zersprengten Endodermis ein endogenes, tertiäres Abschlußgewebe, das Periderm (nach von Denffer aus Strasburger).

(s. Seite 103). Die Zahl der Xylemstrahlen kann zwischen 1 (Wassernuß) oder 2 (Zuckerrübe) und über 100 (bei manchen Monokotyledonen) schwanken. Der Zentralzylinder enthält außer dem Perizykel noch weitere parenchymatische Zellen. Häufig gibt es ein zentrales **Markparenchym** und eine geschlossene Parenchymschicht, die sich zwischen Xylem und Phloem hinzieht und daher im Querschnitt sternförmig ist. Sie ist verantwortlich für das sekundäre Dickenwachstum der Wurzeln vieler Dikotyledonen.

An der Wurzelspitze hat sich inzwischen aus dem Kalyptrogen die Kalyptra ausdifferenziert, die den Vegetationspunkt schützt. Sie erfüllt außerdem eine wichtige Funktion, nämlich die Einstellung der Wachstumsrichtung. Sie erfolgt ja bei den Hauptwurzeln in Richtung der Schwerkraft. Man bezeichnet die Wachstumsvorgänge, die in ihrer Richtung von Außenfaktoren induziert werden, als Tropismen, dementsprechend den von der Schwerkraft induzierten Vorgang als **Gravitropismus**. Die Hauptwurzeln sind, da sie in Richtung der Schwerkraft wachsen, positiv gravitropisch. Wie kann der Schwerkraftreiz von der Zelle wahrgenommen werden? Nach der Statolithen-Theorie sinken die in den Kalyptrazellen reichlich vorhandenen Stärkekörner nach unten und geben der Zelle als Statolithen die Richtung der Schwerkraft an.

Die Zone oberhalb der Wurzelhaarzone wird als Verzweigungszone bezeichnet. Die Seitenwurzeln werden im Perizykel angelegt, der seine Teilungsfähigkeit wieder erlangt und damit zum sekundären Meristem wird. Sie entstehen also endogen im Zentralzylinder und durchbrechen die primäre Rinde, bis sie nach außen gelangen. Es entstehen so viele Reihen von Seitenwurzeln, wie es Xylemstränge gibt.

Bei mehrjährigen Pflanzen unter den Dikotyledonen (und Gymnospermen) kann die Wurzel in ein sekundäres Dickenwachstum eintreten (Abb. 44). Die Parenchymschicht zwischen Xylem und Phloem beginnt sich wieder zu teilen, wird also zu einem sekundären Meristem.

Dieser vereinigt sich mit den über dem Xylem gelegenen Perizykelzellen, die ja selbst bereits meristematisch sind (s. oben) zu einem geschlossenen ringartigen System und wird dann als Kambium bezeichnet. Das Kambium produziert nach innen Xylem, Parenchym und Sklerenchym (zusammenfassend als Holz bezeichnet) und nach außen Phloem, Parenchym und Sklerenchym (zusammenfassend als Bast bezeichnet). Während das Kambium zunächst einen sternförmigen Querschnitt hat, produziert es besonders in den Einbuchtungsstellen nach innen mehr Holz, so daß es nach und nach kreisförmig wird. So entsteht der Holzkörper der mehrjährigen Wurzeln, der sich später vom Holzkörper der Sproßachse fast nur noch durch den zentralen Xylemstern unterscheidet. Den Hauptanteil von Holz und Bast bildet das Leitgewebe, von dem aber immer nur die jüngsten Zellen funktionsfähig sind. Zwischen ihnen ziehen sich radial angeordnete Streifen (bzw. räumlich gesehen Platten) von Parenchym hin, die als Mark-

strahlen bezeichnet werden. Und schließlich wird Sklerenchym gebildet, das hier meist in Form von Sklerenchymfasern vorliegt. Unter
Fasern versteht man sehr lange, an beiden Enden zugespitzte Sklerenchymzellen mit stark verdickten Wänden (Abb. 66 c, d, s. Seite 103). In
bestimmten Fällen können die Faserzellen verdickte Cellulose-Pektin-
Wände besitzen und lebend bleiben. Zumeist jedoch sind die Wände
verholzt, und die Fasern erfüllen ihre Funktion in abgestorbenem
Zustand. Vergrößert sich der Zentralzylinder ständig, so wird ein
Druck auf die äußeren Teile ausgeübt. Es kommt zur Dilatation und
zum Zerreißen von Exodermis und Rinde. Gleichzeitig entsteht vom
Perizykel her ein neues, nämlich das tertiäre Abschlußgewebe. Es wird
als Periderm (Korkgewebe) bezeichnet. Seine Zellen sind durch Auflagerung von Suberin (Korksubstanz) stark verdickt und weitgehend
undurchlässig für Wasser (vgl. Abb. 70, Seite 108). Die Wurzelsysteme, die dadurch schließlich entstehen, sind fast ebenso mannigfaltig
wie die Sproßsysteme. Bei den Dikotyledonen wächst die Keimlings-
wurzel zur Hauptwurzel aus. Da Wurzelsystem und Sproßsystem von
verschiedenen Polen des Embryos ihren Ursprung nehmen, spricht
man von Allorrhizie (vgl. Abb. 41, Seite 66). Bei den Monokotyledonen entwickelt sich das bleibende Wurzelsystem durch Wurzelbildun-
gen am Sproß, entstammt somit ursprünglich dem Sproßpol des
Embryos (Abb. 45). Man spricht daher von Homorrhizie; und zwar
von sekundärer Homorrhizie, da ursprünglich ja ein Wurzelpol angelegt worden war.

Abb. 45. In mehreren Kreisen übereinander stehende sproßbürtige Wurzeln
vom Mais *(Zea mays)*.

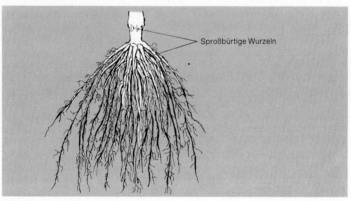

Die Hauptwurzel stirbt bei Monokotyledonen bald ab, kann allerdings in einigen Fällen, wie z. B. beim Mais (Abb. 45), auch erhalten bleiben. Nicht nur bei Monokotyledonen, sondern auch bei Dikotyledonen können an Sproßachsen, ja selbst an Blättern Wurzeln entstehen, die als sproßbürtige bzw. blattbürtige Wurzeln bezeichnet werden. Diese Eigenschaft von Pflanzen macht man sich bei der Bewurzelung von Sproß- und Blattstecklingen zunutze. Wurzelsysteme können eine Tiefe von etwa 10 m und eine bedeutende Länge erreichen: Die Gesamtlänge der Wurzeln einer freistehenden Getreidepflanze in tiefgründigem Boden wird mit ca. 80 km angegeben.

Die Entwicklung der Wurzelsysteme wird stark von den Außenfaktoren beeinflußt. Wasser- und Nährstoffmangel führen zu einer Vergrößerung der aufnehmenden im Verhältnis zu den übrigen Organen, d. h. zu einer Verkleinerung des Verhältnisses Sproß/Wurzel:

Tab. 4. Einfluß der Evaporationsbedingungen auf das Verhältnis Sproßtrockengewicht/Wurzeltrockengewicht bei *Coleus* (nach KAUSCH und EHRIG)

Temperatur	Luftfeuchtigkeit	Sproß/Wurzel
19 °C	75 %	7,9 : 1
24 °C	45 %	5,4 : 1
31 °C	37 %	3,6 : 1

Funktionen der Wurzel

Die wichtigsten Funktionen der Wurzel sind die Aufnahme von Wasser und Nährsalzen aus der Bodenlösung, sowie die Verankerung der Pflanze im Boden. Nicht selten treten die Speicherung von Reservestoffen und andere Aufgaben hinzu. Sie führen oft zu besonderen Umbildungen der Wurzelgewebe. Ferner ist die Wurzel Sitz wichtiger Biosynthese-Fähigkeiten.

Wasseraufnahme

Die Wasseraufnahme der im Boden wurzelnden Pflanzen geschieht in der Wurzelhaarzone durch die Rhizodermis, besonders durch die Wurzelhaare, deren Vorhandensein die Wurzeloberfläche sehr stark vergrößert. Die Exodermis ist nicht mehr wasserdurchlässig; der einzelne Wurzelabschnitt ist daher nur kurze Zeit zur Wasseraufnahme befähigt.

Das Bodenwasser enthält gelöste Substanzen und ist durch osmotische, Quellungs- und Kapillarkräfte gebunden. Wasser aufnehmen kann die Wurzel nur, wenn die Saugkraft ihrer Zellen höher ist als die der Bodenlösung. Das ist in feuchten Böden stets der Fall, da in den Zellen meist Saugkräfte von einigen atm vorhanden sind. Bei trockenem Boden gilt eine Bodensaugkraft von 16 atm als durchschnittliche Grenze der Wasseraufnahme durch die Wurzel. Bei einer bestimmten Höhe der Bodensaugkraft (Welkepunkt) kann kein Wasser mehr aufgenommen werden und die Pflanze welkt. Die Lage des Welkepunktes ist bei den einzelnen Arten unterschiedlich (Tab. 5).

Tab. 5. Maximale Wurzelsaugkraft ausgewählter Kräuterarten (nach SLAVIKOVA 1965)

Flattergras	(*Milium effusum*)	6,3 atm
Haselwurz	(*Asarum europaeum*)	10,6 atm
Giersch	(*Aegopodium podagraria*)	15,9 atm
Lungenkraut	(*Pulmonaria officinalis*)	19,8 atm
Walderdbeere	(*Fragaria vesca*)	19,8 atm
Schwalbenwurz	(*Cynanchum vincetoxicum*)	37,0 atm
Pechnelke	(*Viscaria vulgaris*)	43,7 atm
Bergminze	(*Calamintha clinopodium*)	53,0 atm

Innerhalb der Wurzel nehmen die Zellsaugkräfte von der Rhizodermis durch die Rinde bis zur Endodermis zu. Bis hierhin kann also Wasser osmotisch durch die Zellen hindurch transportiert werden. Dieser Weg, der als symplasmatischer Weg bezeichnet wird, führt dabei durch Protoplasma und Vakuolen. Wasser kann auch durch die Zellwände transportiert werden, da diese permeabel sind. Auch dieser apoplasmatische Weg endet an der Endodermis, wo der Casparysche Streifen den Wasserdurchschnitt durch die Zellwände verhindert. Welcher Anteil dem Transport durch die Wände zukommt, ist nicht genau bekannt, doch dürfte er relativ gering sein.

Von der Endodermis in den Zentralzylinder kann Wasser nur symplasmatisch (bei der primären Endodermis durch alle, bei der sekundären und tertiären Endodermis nur durch die Durchlaßzellen) gelangen. Da die Saugkraft nach innen wieder abnimmt, kann das nicht auf osmotischem Wege geschehen, sondern die Zelle muß einen aktiven Wassertransport vornehmen. Man spricht von aktivem Transport, weil die Zelle chemische Energie, nämlich durch die Atmung gewonnenes ATP, aufbringen muß. Dabei wird Wasser mit einem gewissen Druck, der als Wurzeldruck meßbar ist, in die Gefäße gepreßt. Der Wurzeldruck erreicht meist kaum 1 atm und reicht nur bei kleinen Pflanzen zur Durchströmung des ganzen Organismus aus.

Schneidet man Sprosse ab, so wird durch den Wurzeldruck der sogenannte Blutungssaft ausgepreßt. Er ist bei vielen Bäumen im Frühjahr
besonders reichlich vorhanden und transportiert dann Zucker und andere Substanzen aus den Speicherorganen nach oben. Der Blutungssaft
der Birke enthält 1,4–1,9 % Zucker, der das Zuckerahorns *(Acer sac-
charum)* sogar 5 – 6 %. Sonst transportieren die Gefäße des Holzteils nur
Wasser und die in ihm gelösten Mineralsalze.
Wasserpflanzen sind nicht auf das Bodenwasser angewiesen, sondern
können in vielen Fällen durch ihre gesamte Körperoberfläche Wasser
aus ihrer Umgebung aufnehmen.

Mineralsalzaufnahme

Auch die Mineralsalze werden, als Kationen oder Anionen, von der
Wurzel aus dem Boden aufgenommen. Quelle für die Mineralstoffe ist
wiederum die Bodenlösung, die eine sehr verdünnte Lösung darstellt.
Der Aufnahmeort ist derselbe wie für Wasser (Wurzelhaarzone bei
Landpflanzen, ganze Oberfläche bei Wasserpflanzen), keineswegs aber
werden Ionen einfach mit dem Wasser hereingespült, sondern es liegt
ein anderer Mechanismus vor. Der eine Teil dieses Mechanismus ist ein
passiver, freiwillig ablaufender Vorgang, bei dem die Wände der Rhi-
zodermiszellen als Ionenaustauscher fungieren. In den Zellwänden, die
für die freie Diffusion von Ionen zugänglich sind, sitzen H^+-Ionen an
Trägerstrukturen und können gegen Kationen ausgetauscht werden.
Wird eine größere Menge auf diese Weise angelagert, so entsteht ein
Potentialgefälle, das auch Anionen nach sich zieht. Anionen können
auch ausgetauscht werden gegen Hydrogencarbonat (HCO_3^-).
An den passiven Teil schließt sich ein aktiver Teil an. Ionenaustausch
kann nur bis zu einem Gleichgewicht zwischen innen und außen führen.
In vielen Fällen ist aber die Konzentration im Inneren der Pflanze höher
als außen. Die aktive Phase ist wieder stoffwechselabhängig. Unter
Verbrauch von Atmungsenergie (ATP) und z. T. unter Verwendung spezifischer Träger werden die Ionen ins Innere der Pflanzenzelle transportiert. Eine Möglichkeit solchen aktiven Transports ist in Abb. 46 dargestellt. Der aktive Teil ist der wichtigere Teil und überwiegt vor allem bei
der Anionenaufnahme, denn über Anionen verfügt die Pflanze meist
selbst im Überschuß (organische Säuren im Zellsaft!). Durch die aktiven
Aufnahmeprozesse besitzt die Pflanze ein Speichervermögen; sie ist außerdem in der Lage, Ionen in unterschiedlichem Maße aufzunehmen,
d. h. sie hat ein Selektionsvermögen. Erbsenwurzeln nehmen z. B. aus
einer $CaCl_2$-Lösung (Ca^{++}, Cl^-, Cl^-) das Calcium fünfmal so schnell
auf wie das Chlorid. In ähnlicher Weise greifen passive und aktive Vorgänge ineinander beim Transport von Ionen zur Endodermis und in die
Gefäße. Auch hier ist der Mechanismus unterschiedlich von dem des
Wassertransportes.

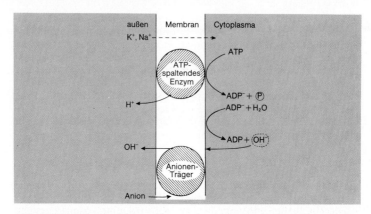

Abb. 46. Modell eines aktiven Transports von Kationen durch das Plasmalemma ins Cytoplasma kombiniert mit einem Anionen-Träger-System (nach HODGES aus MENGEL und KIRKBY).

Dank des Speichervermögens und des Selektionsvermögens weicht der Mineralstoffgehalt von Pflanzen quantitativ meist sehr stark von dem der Böden ab. Bei qualitativer Betrachtung ist festzustellen, daß alle Elemente, die irgendwo in Böden auftreten (und das sind nahezu alle Elemente des Periodischen Systems), auch in Pflanzen gefunden worden sind. Sie sind aber nicht alle lebensnotwendig. Von den Metallen sind uns bereits Kalium (aufgenommen als K^+) und Calcium als Regulatoren der Cytoplasma-Quellung, Ca^{++} auch als Bestandteil der Zellwand, Fe^{++} ($^+$) als Zentralion der Cytochrome begegnet. Mg bildet das Zentralatom des Chlorophylls. Von den Nichtmetallen haben wir N und S in den Proteinen, N in den Nucleinsäuren und P in verschiedenen Verbindungen kennengelernt. Von ihnen wird P immer als Phosphat aufgenommen und als Phospat in der Zelle verwandt. N wird als NO_3- (oder als NH_4^+), S als SO_4^{--} aufgenommen. Beide müssen also in den Pflanzenzellen meist erst reduziert werden (N vom $^+5$wertigen in den -3wertigen Zustand; S vom $^+6$wertigen in den -2wertigen Zustand), um als $-NH_2$ bzw. $-SH$-Gruppe in organische Moleküle eingebaut werden zu können. Nitrat und Sulfat sind damit wichtige H-Akzeptoren der Zelle.

Nicht nur die genannten Elemente K, Ca, Fe, Mg, N, P, S (sowie natürlich die typischen Elemente der organischen Substanzen C, H und O)
sind lebensnotwendig, sondern viele weitere, die nur in geringen Mengen benötigt werden (Spurenelemente). Hier sind zu nennen: Natrium
(Na^+), Chlor (Cl^-), Mangan (Mn^{++}), Zink (Zn^{++}), Kupfer (Cu^+,
Cu^{++}), Molybdän, Bor und wohl auch Silicium, Kobalt und Vanadium.
Fehlen sie, so treten Mangelzustände auf. Eine vollständige Nährlösung
muß daher auch diese Elemente enthalten.

Spurenelemente fungieren häufig als Bestandteile von Enzymen. Überdosierungen, wie sie bei schwermetallhaltigen Ablagerungen des Berg-
baus auftreten, wirken toxisch. Auch bei den übrigen Elementen erfor-
dern Überdosierungen entweder eine ökologisch angepaßte Speziali-
stenvegetation (z. B. $NaCl$, Na_2CO_3: Halophyten; Ca^{++}: Kalkpflanzen)
oder rufen Schäden hervor (z. B. bei Straßenbäumen, die der Wirkung
des Winter-Streusalzes ausgesetzt sind).

Da der größte Teil der Mineralstoffe (ohne N) bei starker Erhitzung der
Pflanzensubstanz (500–600 °C) in Form ihrer Oxide als Asche zurückbleibt, ist die Bestimmung des Aschegehaltes eine Möglichkeit, den Mi-
neralgehalt von Pflanzen auf einfache Weise festzustellen. Zwischen
einzelnen Pflanzen (Tab. 6) und ihren einzelnen Organen (Tab. 7) bestehen erhebliche Unterschiede. Generell ist der Aschegehalt in den
Blättern besonders hoch, weil dort das Wasser verdunstet, die Mineralstoffe sich aber ansammeln.

Weitere Funktionen der Wurzel und damit verbundene Umgestaltungen

Die Wurzel kann weitere Funktionen ausüben, die oft zu Umgestaltungen (Metamorphosen) dieses Organs führen.

Speicherfunktion. Während die Sprosse in vielen Klimagebieten auch
bei mehrjährigen Pflanzen in ungünstigen Perioden absterben (Winter,
Trockenzeit), bleiben die Wurzeln aktiv. Viele Substanzen werden
schon vorher in die Wurzeln verlagert, die dann als Speicherorgane fungieren. Häufig ist in diesen Fällen auch die Gestaltung des Organs geän-
dert, wobei massive Speicherorgane entstehen. Von ihnen bezeichnet
man als Rüben die verdickten Hauptwurzeln, die also nur bei Dikotyledonen vorkommen können. Häufig ist das Hypokotyl an der Rübenbil-
dung beteiligt (z. B. Rettich, Mohrrübe, Zuckerrübe) oder dominiert
sogar (Radieschen, Runkelrübe). Die Verdickungen geschehen durch
sekundäres Dickenwachstum mittels eines Kambiums. Unter Wurzel-
knollen versteht man stark angeschwollene sproßbürtige Wurzeln (z. B.
Batate, Orchideen).

Festigung. Wurzeln verankern die Pflanze im Boden und können daher
mechanische Belastungen (z. B. durch Wind) auffangen. Das geschieht
besonders durch die Festigungsgewebe und das verholzte Leitgewebe

sowie durch die Ausgestaltung des gesamten Wurzelsystems. In vielen Fällen haben sproßbürtige Wurzeln Stützfunktion für den Sproß (Stützwurzeln, Brettwurzeln vgl. auch Abb. 45, Seite 72), beim Efeu dienen sie der Anheftung (Haftwurzeln).

In seltenen Fällen treten noch weitere Funktionen auf, von denen nur die der Vermehrung durch Sproßknospen an Wurzeln (Wurzelknospen) erwähnt werden soll.

1.3.2   Sproßscheitel und Gesamtsproß

Sproßachse und Blatt bilden gemeinsam den Sproß. Beide Organe werden noch getrennt besprochen; hier soll zunächst von den Merkmalen des Gesamtsprosses die Rede sein. Er bildet in der Regel den oberirdischen Teil der Pflanze, jedoch treten auch unterirdische Sprosse mit besonderen Merkmalen auf (Rhizome, s. Seite 110). Den apikalen Sproßpol bildet der **Sproßscheitel.** In ihm befinden sich die in den Vegetationskegel auslaufenden Meristeme, die das Wachstum ermöglichen. Der äußere Teil des Scheitelmeristems, der nur Zellteilungen senkrecht zur Oberfläche der Sproßspitze ausführt, wird als Tunica bezeichnet. Er umgibt mantelartig das innere Meristem, das Corpus (Abb. 47). Die äußerste Schicht der Tunica bildet das Abschlußgewebe, die inneren Teile der Tunica und das Corpus bilden die übrigen Gewebe. Kurz un-

Abb. 47. Sproßscheitel. a = Übersicht des Sproßscheitels einer Samenpflanze; b = Meristeme des Sproßscheitels vom Tännelkraut *(Hippuris vulgaris)* (aus Strasburger).

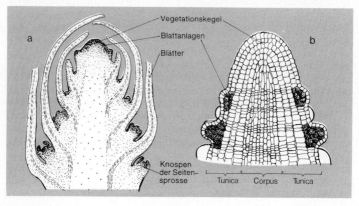

Tab. 6. Mineralstoffgehalt einiger Pflanzen (in % des Trockengewichtes) nach STRIGEL aus BAUMEISTER

	Asche	K	Na	Ca	Mg	P	S	Si	Cl
Wiesenlieschgras (Phleum pratense)	8,53	2,17	0,04	0,62	0,13	0,27	0,07	1,43	1,09
Weißes Straußgras (Agrostis stolonifera)	5,10	1,36	0,06	0,28	0,11	0,20	0,08	0,76	0,54
Froschlöffel (Alisma plantago-aquatica)	6,98	1,82	0,33	0,95	0,30	0,24	0,39	0,10	0,74
Wilde Malve (Malva sylvestris)	13,43	3,80	0,15	2,58	0,47	0,43	0,54	0,41	0,95

Tab. 7. Mineralstoffgehalt verschiedener Teile von Maispflanzen in % des Trockengewichtes (nach LATSHAW und MILLER)

Pflanzenteil	K	Ca	Mg	Al	P	S	Si	Cl	Fe	Mn	Summe
Körner	0,42	0,03	0,20	0,02	0,34	0,14	0,02	0,03	0,04	0,04	1,28
Kolbenspindel	0,46	0,02	0,11	0,05	0,09	0,02	1,33	0,12	0,03	0,03	2,26
Blätter	1,48	0,47	0,21	0,07	0,21	0,24	2,59	0,22	0,07	0,04	5,60
Stengel	1,23	0,17	0,16	0,01	0,09	0,16	0,42	0,22	0,05	0,02	2,53

terhalb des Sproßscheitels werden in der Tunica die Blattanlagen als kleine Höcker ausgebildet. Zwischen ihnen entstehen die Anlagen der Seitensprosse. Die Blätter sind also Anhangsgebilde der Sproßachse und entstehen exogen. Exogen entstehen auch die Seitensprosse, im Gegensatz zu den Seitenwurzeln (s. Seite 71). Sie wachsen grundsätzlich aus dem Winkel zwischen Blatt und Sproßachse, der Blattachsel, hervor; es kann jedoch auch zur Bildung zusätzlicher Knospen kommen. Die Blattanlagen wachsen rasch heran und überdecken den Sproßscheitel: Es entsteht eine Knospe, die die Scheitelmeristeme samt ihrer schützenden Umhüllung aus jungen (und z. T. auch älteren) Blättern umfaßt. Die Sproßachse wird dabei in Blattansatzstellen (Knoten, Nodien) und Zwischenstücke (Internodien) gegliedert.

Nicht alle Sprosse entstehen auf die oben beschriebene Weise, sondern sie können auch bei Verwundung oder Zerteilung des Pflanzenkörpers als Adventivsprosse entstehen (z. B. bei Blattstecklingen) oder, wie schon erwähnt, als wurzelbürtige Sprosse aus Wurzelknospen hervorgehen (s. Seite 78).

Die Blätter können am Sproß in unterschiedlicher Weise an der Sproßachse angeordnet sein. Die häufigsten Möglichkeiten der Blattstellung sind in Tab. 8 angegeben.

Die Sproßsysteme als ganze werden durch die unterschiedlichen Größenverhältnisse der einzelnen Teile charakterisiert. Werden z. B. die Internodien stark verkürzt, so entstehen Blattrosetten. Bleibt die Hauptachse stets die dominierende Achse, so spricht man von einem Monopodium. Viele Nadelbäume und Kräuter, aber auch Esche und Ahorn u. a. sind monopodial gebaut. Stellt die Hauptachse ihr Wachstum ein und wird von ihren Seitenachsen überragt, so spricht man von einem Sympodium. Oft übernehmen aufeinanderfolgende Seitenachsen

Tab. 8. Häufigste Blattstellungen

Blätter je Knoten	Winkel zwischen den Blättern aufeinander- folgender Knoten	Anzahl der Blattreihen	Bezeichnung
1	144° (= $\frac{2}{5}$ Kreis)	5	wechselständig-schraubig ($\frac{2}{5}$-Stellung)
1	120°	3	wechselständig-dreizeilig
1	180°	2	wechselständigdistich
2	90°	4	gegenständig
3 u. mehr	$\leqq 60°$	3 u. mehr	quirlständig

Wachstumsrichtung und Funktion der Hauptachse, so daß schließlich ein sympodiales Sproßsystem nicht mehr ohne weiteres von einem monopodialen zu unterscheiden ist. Viele Laubbäume und auch manche Kräuter sind sympodial gebaut. Besonders ausgeprägte Verzweigungsformen herrschen häufig in den Blütenständen vor (s. Seite 114).

Der Hauptsproß wächst in der Regel vom Erdboden senkrecht nach oben, die Seitenachsen nehmen charakteristische Winkel ein. Die Richtung des Wachstums wird durch die Außenfaktoren Licht und Schwerkraft, also tropistisch (s. Seite 68), induziert. Der Hauptsproß wächst demnach in der Regel positiv phototropisch und negativ gravitropisch. Die Wirkung der Außenfaktoren auf das Wachstum wird wieder durch Hormone (besonders Auxin) vermittelt.

1.3.3 Blatt

Blattbau

Auf Grund ihrer Entstehung sind Blätter Teile der Sprosse, und zwar flächige Anhangsgebilde der Sproßachse (s. Seite 101). Junge Blattanlagen lassen bald eine Aufteilung in Oberblatt und Unterblatt erkennen. Dabei entwickelt sich später das Oberblatt zur Blattspreite (Lamina)

Abb. 48. Blütenstand der Feuerbohne *(Phaseolus coccineus)*. Die älteste Blüte steht in der Achsel eines voll entwickelten Tragblattes, das Nebenblätter und eine in Fiedern aufgelöste Spreite zeigt. Die übrigen Blüten stehen in der Achsel von Hochblättern; weitere Hochblätter sind als Vorblätter paarweise unterhalb der Blüte angeordnet.

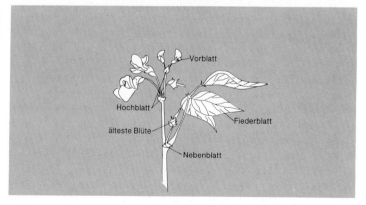

und Blattstiel (Petiolus), das Unterblatt zum Blattgrund. Dieser kann als einfaches Blattpolster, aber auch als Scheide ausgebildet sein oder Nebenblätter (Stipulae) tragen.

Die ersten Blattorgane eines Kormophyten sind die **Keimblätter (Kotyledonen)**. Deren Zahl beträgt meist 2 bei den Dikotyledonen, 1 bei den Monokotyledonen, zwei bis viele bei den Gymnospermen. Auf die Keimblätter folgen die **Primärblätter** als jugendliche, echte Laubblätter, später die **Folgeblätter**. Häufig bildet eine Pflanze an ihrem Haupt- oder Seitensproß zunächst nicht voll ausdifferenzierte, schuppenartige Blätter, die **Niederblätter**. Bei ihnen ist das Oberblatt meist nur wenig differenziert, so daß das Unterblatt dominiert. Sie tragen häufig als Knospenschuppen zum Schutz der Knospe bei. Es folgen normale Laubblätter, um im oberen Teil der Sprosse, besonders im Bereich der Blütenstände, wieder in weniger differenzierte Organe, die **Hochblätter**, über-

Abb. 49. Modell eines ausgewachsenen, aufgeschnittenen Chloroplasten einer höheren Pflanze mit zahlreichen durch lokale Überschneidungen der Stroma-Thylakoide gebildeten Grana-Thylakoide-Stapel (nach WEHRMEYER aus STRASBURGER).

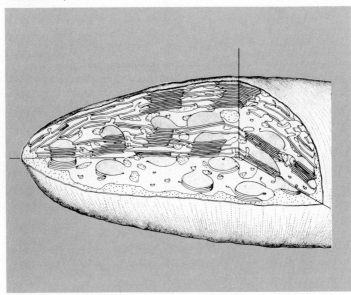

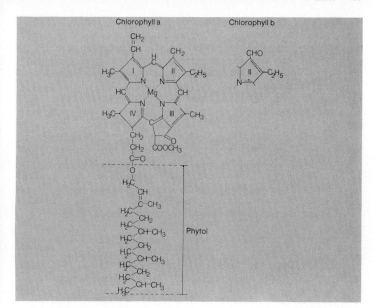

Abb. 50. Die Chlorophylle a und b.

zugehen. Nieder-, Folge- und Hochblätter kennzeichnen also die Reihenfolge am Sproß, während Unterblatt und Oberblatt die beiden morphologischen Teile eines Blattes darstellen!

Charakteristische Unterschiede bestehen zwischen den systematischen Gruppen: Die Dikotyledonen haben meist Spreite und Stiel, der Blattgrund ist am häufigsten als Blattpolster ausgebildet, seltener sind Scheiden vorhanden, häufig Nebenblätter (Abb. 48). Die Monokotyledonen haben sehr häufig Blattscheiden (Abb. 79, Seite 122), seltener Blattstiele und keine Nebenblätter. Die Gymnospermen haben meist nadelförmige Blattspreiten und weder Blattschneiden noch Nebenblätter.

Als flächige Organe dienen Blätter der Absorption des für die Photosynthese notwendigen Sonnenlichtes. Sie zeigen einen lebhaften Gaswechsel der Gase CO_2, O_2 und H_2O bei Photosynthese, Atmung und Transpiration. Diese Funktionen prägen ihren anatomischen Bau.

Der größte Teil der Blattzellen (Mesophyll, Schließzellen) enthält als charakteristische Plastidenform **Chloroplasten.** Bei ihrer Entstehung bilden sich aus der inneren Membran des Proplastiden flache Hohlräume, Zisternen, die man wegen ihrer unregelmäßigen, gelappten, sackartigen Form Thylakoide nennt. Teils sind sie in dichten Stapeln (Grana) angeordnet (Grana-Thylakoide), teils durchziehen sie einzeln die Grundmasse (Stroma) des Chloroplasten (Stroma-Thylakoide) (Abb. 49). Sie tragen die für die Photosynthese notwendigen Enzyme und Farbstoffe, insbesondere das Chlorophyll und die Carotinoide. Das Chlorophyll ist durch einen Porphyrinring gekennzeichnet, in dessen Mitte ein Magnesium-Atom sitzt. Dieser Ring ist hydrophil und trägt eine Reihe kurzer Seitenketten, nach denen sich zwei verschiedene Chlorophylle (a und b) unterscheiden lassen, und einen sehr langen, 20 C-Atome enthaltenden, schwanzartigen, rein lipophilen Teil, das Phytol (Abb. 50). Das Chlorophyll befindet sich mit seinem Phytolteil in der Lipidschicht der Thylakoidmembran (Abb. 51) und ist mit seinem Porphyrinteil der Eiweißschicht zugekehrt. Es ist mit Eiweißmolekülen zu einem Chromoproteid verbunden und bildet den zentralen Bereich der Photosysteme, die außer dem Chlorophyll selbst noch weitere, peripher gelegene Hilfspigmente (auch Antennenpigmente genannt), z. B. Carotinoide, enthalten. In ausgewachsenem Zustand sind Chloroplasten kleine, nur etwa 5 (3–8)μm große, linsenförmige Gebilde. Sie können im Dunkeln als Etioplasten im farblosen Zustand verharren oder nach Chlorophyllverlust in bestimmten Fällen unter Stärkebildung zu Leukoplasten oder unter Einlagerung weiterer Farbstoffe (Carotinoide) in Chromoplasten (s. Seite 117) übergehen (Abb. 52).

Abb. 51. Schematische Darstellung der Anordnung wichtiger an der Photosynthese beteiligter Systeme in der Thylakoidmembran. A = Antennenpigmente, E = Elektronenüberträgersysteme, L = Lipid-Doppelschicht, R = Ribulosebisphosphat-Carboxylase-Oxigenase (das für die CO_2-Bindung verantwortliche Enzym). Weitere Erläuterung im Text (in Anlehnung an LÜTTGE, KLUGE und BAUER, stark vereinfacht).

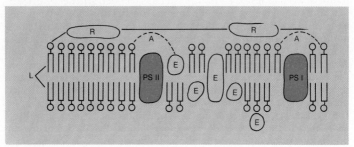

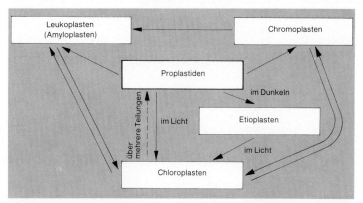

Abb. 52. Die bisher bekannten Umwandlungsmöglichkeiten der Plastiden (nach BUTTERFASS).

Beide Seiten des Blattes sind von einem meist einschichtigen Abschluß-gewebe, der **Epidermis,** überzogen. Die Epidermiszellen sind meist chlorophyllfrei, durch Ausbuchtungen in einer Art Verbundsystem in-einander verzahnt und lückenlos so fest verbunden, daß sich die Epi-dermis häufig als feines Häutchen abziehen läßt. Sie müssen nicht alle gleichgestaltet sein (vgl. Abb. 54, Seite 87). In mehr oder weniger regel-mäßigen Mustern sind besonders auf der Unterseite, in geringerem Maße auf der Oberseite der Blätter **Spaltöffnungen (Stomata)** vorhan-den. Sie bestehen aus zwei **Schließzellen,** die Chloroplasten führen und durch Verdickungen der Wand an bestimmten Stellen bei Turgorände-rung Schließ- und Öffnungsbewegungen ausführen können. Im häufig-sten Fall liegen bohnenförmige Schließzellen vor, die durch Verstär-kung der Innen- und Außenwände bei dünnen Rückenwänden nur eine Bewegung in einer Ebene zulassen (Abb. 53). Bei hohem Turgor krüm-men sich die Schließzellen durch, so daß zwischen ihnen eine Öffnung entsteht. Diese Öffnung, der Zentralspalt, erweitert sich nach außen in den Vorhof, nach innen in den Hinterhof und eine anschließende große Interzellulare, die Atemhöhle, die zu den übrigen Interzellularen des Schwammparenchyms führt. Bei nachlassendem Turgor erschlaffen die Schließzellen; der Zentralspalt schließt sich. Ein anderer Typ ist in Abb. 54 dargestellt. Durch die Bewegung der Schließzellen kann die Pflanze den Gaswechsel des Blattes steuern. Die Außenwände der Epidermiszel-len zwischen den Spaltöffnungen sind mit der hauptsächlich aus Cutin bestehenden Cuticula, oft auch mit einer Wachsschicht überdeckt. Da

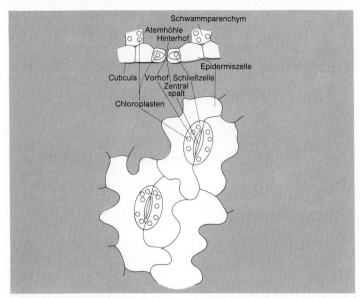

Abb. 53. Aufsicht auf die untere Epidermis und Querschnitt durch die Spaltöffnung eines Bohnenblattes.

diese Schichten wenig durchlässig sind, wird durch sie der unkontrollierte Teil des Gaswechsels verringert.

Zwischen der oberen und unteren Epidermis befindet sich das **Mesophyll** (Abb. 55, vgl. auch Abb. 62, Seite 98), ein chloroplastenreiches Grundgewebe, das im oberen Bereich aus den langgestreckten, mit schmalen Interzellularen versehenen Zellen des Palisadenparenchyms, im unteren Teil aus den ausgebuchteten, durch sehr große Interzellularen getrennte Zellen des Schwammparenchyms besteht. Das dem Licht zugekehrte **Palisadenparenchym** enthält die weitaus größte Anzahl von Chloroplasten (bei *Phaseolus multiflorus* z. B. 69%, sonst oft 80%) und ist damit das wichtigste photosynthetisch aktive Gewebe. Das den Spaltöffnungen auf der Unterseite zugekehrte **Schwammparenchym** dient daneben auch dem Gasaustausch zwischen Palisadenparenchym und Spaltöffnungen.

Die Gliederung in obere und untere Epidermis sowie das Mesophyll findet sich bei den meisten Blättern wieder, jedoch bestehen im einzelnen große Unterschiede zwischen den Arten (vgl. z. B. Abb. 55 mit Abb. 56). Bei den Nadelblättern der Gymnospermen folgt auf eine Epidermis

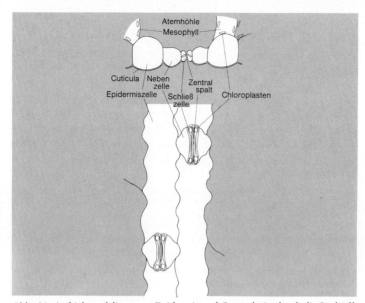

Abb. 54. Aufsicht auf die untere Epidermis und Querschnitt durch die Spaltöffnung eines Maisblattes. Die Spaltöffnungsapparate werden aus vier Zellen gebildet. Die Schließzellen haben dünnwandige Enden und eine starkwandige, rohrartige Mitte. Durch turgorbedingte Volumenänderung der Enden wird die Öffnung des Zentralspalts geregelt.

Abb. 55. Querschnitt durch ein Sonnenblatt (links) und ein Schattenblatt (rechts) der Buche *(Fagus sylvatica).*

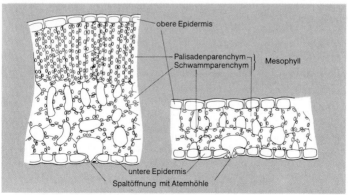

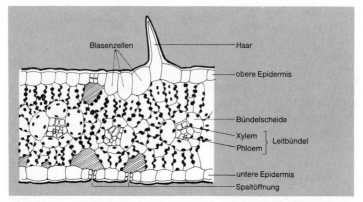

Abb. 56. Querschnitt durch ein Maisblatt. Chloroplasten sind außer in den Mesophyllzellen auch in den Bündelscheiden enthalten. Die Blasenzellen dienen als Gelenke bei Blattbewegungen (aus Kaussmann).

mit stark verdickten Zellwänden zunächst ein Sklerenchym und erst dann das photosynthetisch aktive Grundgewebe.

Als weitere Gewebe treten in Blättern **Leitgewebe** auf, die in Kombination mit Festigungsgeweben als Adern bzw. Nerven das Blatt durchziehen. Es handelt sich um die apikalen Enden der Leitbündel der Sproßachse, die durch den Blattstiel als sogenannte Blattspur in die Spreite eintreten. Die einfachste Form der Blattaderung, die gabelige Verzweigung ohne Querverbindung, findet sich bei manchen Gymnospermen; für die meisten Monokotyledonen ist eine parallele, für die meisten Dikotyledonen eine netzige Anordnung der Adern typisch. Häufig sind an Blättern Haare entwickelt, die ein- oder mehrzellig, tot oder lebendig sein können.

Photosynthese

Die wichtigste Funktion der Blätter bzw. allgemein der grünen, Chloroplasten enthaltenden Gewebe ist die Photosynthese. Unter ihr versteht man die Assimilation von CO_2 mit Hilfe von Lichtenergie. CO_2 hat einen sehr geringen Energieinhalt, organische Moleküle einen wesentlich höheren. Diese Energiedifferenz wird von Pflanzen wie von Tieren bei Abbauprozessen (z. B. der Atmung s. Seite 47) nutzbar gemacht. Der umgekehrte Vorgang, die Aufnahme von CO_2 und der Einbau in körpereigene Substanzen, die mit einer Reduktion verbunden ist, stellt einen stark endergonischen Prozeß dar. Pflanzen, die ihn ausführen können, werden als autotrophe Pflanzen bezeichnet; sie benötigen eine äußere Energiequelle. Im Falle der Photosynthese, die nur bei grünen Pflanzen stattfindet, also immer an die Anwesenheit von Chlorophyll gebunden ist, wird Lichtenergie verwandt, die in chemische Energie umgewandelt wird. Man bezeichnet daher diese Art der C-Ernährung als Photoautotrophie. (Einige Bakterien vermögen chemische Energiequellen auszunutzen: Chemoautotrophie, s. Seite 132.) Diejenigen Organismen, die organische C-Quellen brauchen, die Pilze, viele Bakterien, aber auch einige Pflanzen aus anderen Gruppen und insbesondere alle Tiere, sind von der Photosynthese der grünen Pflanzen abhängig.

Wie aus dem eben Gesagten hervorgeht, müssen wir bei der Photosynthese zwei Prozesse trennen: Erstens die Primärvorgänge, bei denen durch photochemische Reaktionen der Zelle die notwendige Energie zur Assimilation von CO_2 zu Verfügung gestellt wird (**Lichtreaktion**) und zweitens die Sekundärvorgänge, bei denen durch normale chemische Prozesse, die auch im Dunkeln ablaufen, diese Energie bei der Assimilation von CO_2 wieder verbraucht wird (**Dunkelreaktion**) (Abb. 57).

Abb. 57. Schema der Licht- und Dunkelreaktion der Photosynthese (nach HESS, verändert).

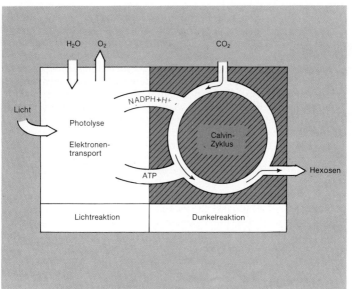

Bei den Primärvorgängen sind insbesondere blaues und rotes Licht wirksam, da grünes Licht vom Chlorophyll nur wenig absorbiert, sondern stärker transmittiert oder reflektiert wird. Lichtquanten (Photonen) werden von den Antennenpigmenten der Photosysteme (Abb. 51) gesammelt, und ihre Energie wird auf das im Reaktionszentrum des Photosystems befindliche Chlorophyll a (das daher auch als Fallenpigment bezeichnet wird) weitergeleitet. Die Aufnahme dieser Energie durch das Chlorophyllmolekül führt zur Abgabe von energiereichen Elektronen an geeignete Akzeptorsubstanzen. Es findet also ein Oxidations-Reduktions-Prozeß statt. Zwei Lichtreaktionen folgen aufeinander (Abb. 58). In der einen Lichtreaktion (Pigment: Chlorophyll a_{II}), die aus historischen Gründen die 2. heißt, werden die vom Chlorophyll abgegebenen Elektronen ersetzt durch Elektronen aus Wassermolekülen, die dabei aufgespalten werden. Dieser Vorgang, die Photolyse des Wassers, läßt sich durch folgende Formel zusammenfassen (wobei e^- die Elektronen bezeichnet):

$$H_2O \xrightarrow[\text{Chlorophyll}]{\text{Licht}} 2\,H^+ + 2\,e^- + \tfrac{1}{2}\,O_2.$$

Die Elektronen werden durch elektronenübertragende Substanzen (die denen der Atmungskette ähnlich sind) auf das Chlorophyll a_I übertragen. Dabei wird Energie frei, die bei einem der Teilschritte ausgenutzt wird, um ADP in ATP zu überführen (Photophosporylierung). Am Chlorophyll a_I findet die sogenannte 1. Lichtreaktion statt, die die Abgabe von Elektronen auf einem weitaus höheren Energieniveau anregt und damit das stärkste Reduktionsmittel schafft, das die Zelle einer höheren Pflanze besitzt. Über eine weitere Überträgersubstanz (Ferredoxin) werden die Elektronen auf das Nicotinsäureamid-Adenin-Dinucleotid-Phosphat ($NADP^+$) übertragen. Das $NADP^+$ unterscheidet sich vom NAD^+ (s. Seite 48) durch den Besitz einer weiteren Phosphatgruppe; es wird durch die Aufnahme der Elektronen und die gleichzeitige Aufnahme der aus der Wasserspaltung stammenden Protonen zu $NADPH + H^+$ reduziert. Es kann auch ein Rückfluß von Elektronen zum Ausgangsniveau des Chlorophyll a_I vor der 1. Lichtreaktion erfolgen. Die dabei frei werdende Energie kann ebenfalls zur Bildung von ATP ausgenutzt werden. Da hier ein Rückfluß stattfindet, wird diese Form der Photophosphorylierung (im Gegensatz zu der oben angeführten, nicht zyklischen) als zyklische bezeichnet. Die Lichtreaktion der Photosynthese produziert somit (außer Sauerstoff) die für die CO_2-Assimilation benötigen Substanzen ($NADPH + H^+$ und ATP. Sie läßt sich folgendermaßen zusammenfassen (℗ = Phosphat):

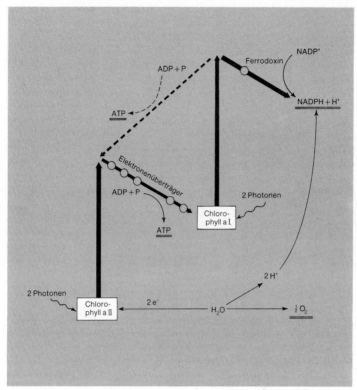

Abb. 58. Schema der Lichtreaktion der Photosynthese (Erläuterung im Text).

$$2\ H_2O + 2\ ADP + 2\ \textcircled{P} + 2\ NADP^+ \xrightarrow[\text{Chlorophyll } a_I, a_{II}]{\text{Licht}}$$
$$2\ ATP + 2\ NADPH + 2\ H^+ + O_2.$$

Das CO_2, das durch die Spaltöffnungen und Interzellularen an die photosynthetisch aktiven Zellen des Mesophylls herandiffundiert ist, stößt auf das wässerige Milieu der Zellwände. Dort wird es gelöst, diffundiert bis in die Chloroplasten und trifft auf eine Akzeptor-Substanz, die CO_2 spezifisch zu binden vermag: Das Ribulose-1,5-bisphosphat. Durch die

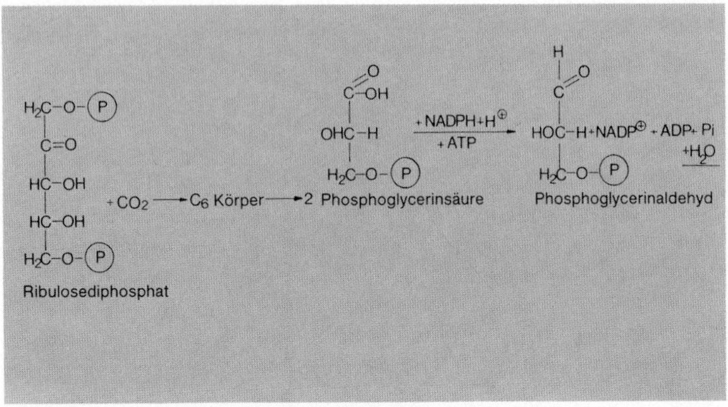

Abb. 59. Akzeptorwirkung von Ribulosebisphosphat, Bildung von Phosphoglycerinsäure und Reduktion zu Phosphoglycerinaldehyd.

Aufnahme entsteht ein C_6-Körper, der rasch in zwei C_3-Körper, nämlich 2 Moleküle Phosphoglycerinsäure zerfällt (Abb. 59). Diese Substanz ist uns bereits aus der im Cytoplasma ablaufenden Glykolyse bekannt. Im Chloroplasten wird eine gleichartige Reaktionsfolge, jedoch in umgekehrter Richtung, nämlich zum Aufbau der Hexosen eingeschlagen: Phosphoglycerinsäure wird zu Phosphoglycerinaldehyd reduziert. Durch eine Kondensation (unter Wasserabgabe) wird Fructose-1,6-diphosphat, durch Abgabe von Phosphat Fructose-6-phosphat, durch eine intramolekulare Umlagerung Glucose-6-phosphat und durch Abgabe auch des zweiten Phosphats Glucose gebildet. Interessant ist der erste Schritt: Er benutzt NADPH + H^+ als Reduktionsmittel bzw. H-Donator. Außerdem ist er endergonisch und läuft unter ATP-Verbrauch ab. Das assimilierte CO_2 wird also nicht direkt reduziert, sondern in Form der Phosphoglycerinsäure, wobei die in der Lichtreaktion produzierten Substanzen verwendet werden. Die Dunkelreaktionen können folgendermaßen zusammengefaßt werden, wenn wir $1/6$ Glucose als $[CH_2O]$ schreiben:

$$CO_2 + 2\ NADPH + 2\ H^+ + 2\ ATP \rightarrow [CH_2O] + 2\ NADP^+ + 2\ ADP + 2\ \circledP + H_2O$$

Die Summe beider Reaktionen:

$$CO_2 + H_2O + 115 \text{ kcal} \xrightarrow[\text{Chlorophyll } a_I, \, a_{II}]{\text{Licht}} [CH_2O] + O_2$$

ergibt die Summenformel für den Gesamtprozeß der Photosynthese. Sie gilt streng genommen nur für den (theoretischen) Fall, daß das fixierte CO_2 vollständig in Glucose überführt wird. In diesem Fall ist der Photosynthese-Quotient

$$PQ = \frac{O_2}{CO_2} = 1{,}0.$$

Da bei der Dunkelreaktion der CO_2-Akzeptor umgesetzt wird, muß er regeneriert werden. Dafür werden von je 12 Molekülen Phosphoglycerinaldehyd je 10 verwandt, die in einem komplizierten Kreislauf, dem **Calvin-Zyklus,** über mehrere Zwischenstufen zu 6 Molekülen Ribulose-1,5-bisphosphat umgewandelt werden.

Auch die Phosphoglycerinsäure, die nicht in den Calvin-Zyklus eingeht, muß nicht zu 100 % in Glucose überführt werden, sondern es entstehen durch andere Reaktionen bereits in unmittelbarem Anschluß an die Photosynthese (nach Sekunden) weitere organische Verbindungen. Welche dies sind, hängt von der Pflanzenart und vielen Faktoren ab. In der Regel überwiegt aber bei weitem die Bildung von Glucose, die im Chloroplasten während des Tages zu Reservestärke polymerisiert und gespeichert wird. Nachts wird die Stärke abgebaut, und Zucker in Form von Saccharose den Leukoplasten anderer Gewebe zugeleitet.

Bei dem geschilderten Vorgang der CO_2-Fixierung entsteht auf jeden Fall zuerst Phosphoglycerinsäure (C_3-Typ der Photosynthese). Es gibt aber eine Reihe von Pflanzen, darunter so wichtige Kulturpflanzen wie Mais und Zuckerrohr, die entweder ausschließlich oder überwiegend Phosphoenolbrenztraubensäure, die uns aus der Glykolyse bekannt ist (vgl. Abb. 26, Seite 47), als CO_2-Akzeptor benutzen. Dabei entsteht eine C_4-Dicarbonsäure, Oxalessigsäure, die zu Äpfelsäure reduziert wird (C_4-Typ der Photosynthese). Es kann aber von der Oxalessigsäure des CO_2 an Ribulose-1,5-bisposphat weitergegeben und dann auf die übliche Weise fixiert werden. Die beiden Fixierungen laufen in 2 verschiedenen Assimilationsparenchymen mit 2 verschiedenen Chloroplastentypen ab, nämlich im Mesophyll bzw. in den Bündelscheiden (s. Abb. 56), sind also räumlich getrennt. Bei einem dritten Typ schließlich wird in der Nacht, in der die Spaltöffnungen ohne Gefahr von Wasserverlust geöffnet bleiben können, CO_2 auf dem C_4-Weg assimiliert und in Form von Äpfelsäure gespeichert. Am Tage kann das CO_2 auf Ribulosebisphosphat übertragen und im Licht auf dem C_3-Weg reduziert werden. Bei diesem Typ, der bei vielen dickblättrigen, sukkulenten Blättern auftritt (Sukkulenten-Typ der Photosynthese) sind die beiden Fixierungen also zeitlich getrennt. In allen Fällen führt aber erst die Bildung von Phosphoglycerinaldehyd zur Synthese von Zucker und Stärke.

Dieses Beispiel der Photosynthese-Typen zeigt, daß selbst bei solchen grundlegenden Prozessen Unterschiede in Einzelheiten des Ablaufs auftreten, die für bestimmte Pflanzengruppen charakteristisch sind und oft als Anpassungserscheinungen an bestimmte Umweltbedingungen verstanden werden können.

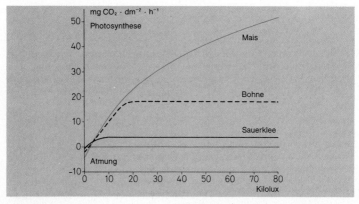

Abb. 60. Lichtkurven der Netto-Photosynthese bei einer Schattenpflanze (Sauerklee, *Oxalis rubra*), einer C_3-Lichtpflanze (Bohne, *Phaseolus vulgaris*) und einer C_4-Lichtpflanze (Mais, *Zea mays*). Weitere Erläuterung im Text (nach BÖHNING und BURNSIDE sowie HESKETH und BAKER).

Da Pflanzen, während sie Photosynthese treiben, gleichzeitig auch atmen, nehmen sie CO_2 nicht nur auf, sondern geben es auch ab. Man muß also von der gesamten photosynthetischen CO_2-Assimilation, der Brutto-Photosynthese, die gleichzeitige Atmung abziehen, um zur Netto-Photosynthese, dem eigentlichen C-Gewinn der Zelle, zu kommen. In den meisten Pflanzen läuft im Licht außer der Mitochondrien-Atmung eine Lichtatmung ab, die an kleine Zellpartikel, die Peroxisomen, gebunden ist. Bei den C_4-Pflanzen ist diese Lichtatmung sehr gering. Aus dem Gesagten wird erklärlich, daß viele C_4-Pflanzen eine besonders hohe Stoffproduktion aufweisen.

Die Netto-Photosynthese läßt sich mit zunehmender Lichtintensität bis zu einem Sättigungsbereich steigern. Die Lichtsättigung wird bei Schattenpflanzen, da sie ihren Standortbedingungen angepaßt sind, eher erreicht als bei Sonnenpflanzen (Abb. 60). Bei unterschiedlichen Temperaturen ist der lichtabhängige Ast der Kurve etwa jeweils gleich, die Sättigungswerte sind aber sehr verschieden. Hier spiegelt der erste Ast der Kurven insbesondere die Lichtreaktion wider, die wie andere photochemische Reaktionen auch (z.B. die Belichtung eines photographischen Films) lichtabhängig, aber nicht temperaturabhängig ist. Der zweite Ast der Kurve spiegelt insbesondere die Dunkelreaktion wieder, die, wie andere chemische Reaktionen auch, temperaturabhängig aber nicht lichtabhängig ist. Wird die Lichtintensität sehr gering, so überwiegt die Atmung über die Photosynthese. Der Punkt, bei dem CO_2-Aufnahme und CO_2-Abgabe gleich sind, die Bilanz also 0 ist, wird Licht-Kompensationspunkt genannt. Er liegt in der Regel zwischen 1000 und 2000 Lux, ist aber artspezifisch verschieden und kann bei extremen Schattenpflanzen unter 50 Lux liegen. Auch Temperatur-Kompensationspunkte gibt es: Bei sehr hohen Temperaturen steigt die Atmung rasch an, die Photosynthese nicht in gleichem Maße, so daß es zu Substanzverlusten kommt. Hingegen kann bei manchen Pflanzen kalter Standorte die CO_2-Bilanz noch bei sehr tiefen Temperaturen positiv sein (bis zu $-24\,°C$ bei manchen Flechten).

Da CO_2 nur in der sehr geringen Menge von 0,03 % der Luft zur Verfügung steht (= 300 ppm), ist CO_2 grundsätzlich ein begrenzender Faktor der Photosynthese. Daran ändert sich auch nichts durch den langsamen Anstieg des CO_2-Gehaltes, der seit dem Beginn des Industriezeitalters zu beobachten ist. (Hier ist vermutlich die Wirkung auf den Wärmehaushalt der Atmosphäre gravierender als der auf die Photosynthese.) Der CO_2-Kompensationspunkt ($-CO_2$ der Atmung = $+CO_2$ der Photosynthese) wird bei den C_3-Pflanzen bei etwa 50–100 ppm erreicht, während er bei den C_4-Pflanzen wegen der fehlenden Lichtatmung wesentlich niedriger liegt.

Die Photosynthese ist nicht nur deswegen wichtig, weil alles Leben von ihr abhängt, sondern ist auch quantitativ (nach dem Wasserumsatz) der zweitwichtigste chemische Prozeß in der Biosphäre. Man schätzt, daß die Nettoproduktion pro Jahr etwa 80 Milliarden Tonnen C beträgt. Daher machen sich diese Umsätze geochemisch bemerkbar: Während die Uratmosphäre der Erde O_2-frei und reich an CO_2 war, ist die Anreicherung des Sauerstoffs auf 20 % wohl im wesentlichen durch die Photosynthese im Verlauf der Erdgeschichte zustande gekommen. Gleichzeitig ist sie an CO_2 verarmt, wobei schätzungsweise 500–1000 Milliarden Tonnen des photosynthetisch fixierten C in der Biomasse der Organismen und weit höhere Mengen in organischen Ablagerungen (Kohle, Erdöl, organogene Kalke usw.) stecken, während die Atmosphäre noch $1,2 \cdot 15^{15}$ Tonnen C enthält.

Bezogen auf die photosynthetischen Organismen kann in dem Schema des Zellstoffwechsels (Abb. 30, Seite 51) an die Stelle der C-Zufuhr die Photosynthese mit ihren Folgeprodukten gesetzt werden. Das gilt jedoch nur für die grünen Zellen selbst (und hier nur für die Zeiten, in denen der Licht-Kompensationspunkt überschritten wird), während ein großer Teil der Zellen auch photoautotropher Pflanzen den Kohlenstoff in organischer Form erhält. Daher ist auch die Netto-Photosynthese noch kein Maß für die Stoffproduktion; sondern man muß die nächtliche Atmung der grünen Gewebe und die Atmung aller nichtgrünen Gewebe im Licht und im Dunkeln abziehen, um zur Netto-Produktion zu kommen.

Transpiration

Wäre es hinsichtlich der Photosynthese für die Pflanze sinnvoll, die Stomata jeweils den ganzen Tag offen zu halten, so ist dies aus Gründen des Wasserhaushaltes häufig nicht möglich. Die Hydratur der Atmosphäre ist meist erheblich niedriger als die der Pflanze. Sie kann wohl nahezu 100 % erreichen, aber in Extremfällen nicht weit von 0 entfernt sein. Sie beträgt in den Tieflagen Mitteleuropas im Mittel des Jahres 80 (75–85) %. Das bedeutet eine Saugkraft von 300 (380–220) atm. Unmittelbar oberhalb einer besonnten Blattoberfläche herrschen häufig einige 100 oder gar einige 1000 atm Saugkraft. In etwas abgeschwächtem Maße gilt das auch für die Blattunterseite, die die meisten Spaltöffnungen trägt. Daher wird beim CO_2- und O_2-Gaswechsel zwangsläufig auch H_2O verdunstet. Der Hauptteil davon geht durch die Poren der Spaltöffnungen (stomatäre Transpiration), nur etwa 5–10 % verdunsten direkt durch die Epidermis-Außenwände (cuticuläre Transpiration). Viele Pflanzen trockener Standorte schließen zeitweise, vor allem während der Mittagsstunden, die Stomata und schränken dadurch die Transpiration, aber auch die CO_2-Aufnahme, drastisch ein. Bei den Pflanzen feuchterer Standorte ist dies nicht notwendig, was eine der Ursachen für ihr üppiges Wachstum ist. Unter günstigen Wachstumsbedingungen kann man bei Kulturpflanzen damit rechnen, daß etwa 400–600 g Wasser bei der Bildung von 1 g Trockensubstanz verbraucht werden (Abb. 61).

Verdunstet Wasserdampf aus den Spaltöffnungen, so wird durch das entstandene Saugkraftgefälle Wasserdampf aus der Atemhöhle und den übrigen Interzellularen des Blattes (Abb. 62) und schließlich flüssiges Wasser aus dem Mesophyll nachgezogen. Das geschieht sowohl durch das Protoplasma hindurch (symplasmatisch) als auch durch die Zellwand (apoplasmatisch). Beide Wege reichen bis zu den Leitbündelendigungen. Von hier setzt sich der Sog durch die Tracheen und Tracheiden der Leitbündel durch die gesamte Pflanze, bis zur Wurzel hin, fort. Die Kohäsion der Wassermoleküle reicht aus, um gegen die Schwer-

Abb. 61. Eine Illustration zur Intensität der Transpiration. Die Wassermenge, die die Bohne (links) bzw. die Maispflanze (rechts) während ihres Wachstums abgegeben haben, würden etwa die neben ihnen stehenden Fässer füllen (nach SINNOTT, ergänzt).

kraft und gegen die Reibung an den Gefäßwänden geschlossene Wasserfäden aufsteigen zu lassen, für deren Bewegung die Saugkraft an der Pflanzenoberfläche der Motor ist. Auf diese Weise kommt der Ferntransport des Wassers vom Zentralzylinder der Wurzel bis zu den Spitzenorganen zustande. Hierbei werden die von der Wurzel aufgenommenen Mineralstoffe (im Frühjahr beim Saftsteigen der Bäume auch organische Substanzen) aus der Wurzel im Massenstrom in gelöster Form mit transportiert. Hieraus wird ersichtlich, daß die Transpiration nicht nur eine unangenehme Begleiterscheinung des Gaswechsels ist, sondern für die Mineralstoffversorgung der oberen Pflanzenteile lebenswichtige Bedeutung hat.

Da bei der Verdunstung von Wasser große Energiemengen verbraucht werden, tritt eine Abkühlung ein. An sehr heißen Standorten kann die Transpirationskühlung Blätter bis zu 10 °C unterhalb der Lufttemperatur halten und damit vor dem Hitzetod schützen. Im Energiehaushalt eines Blattes stellt die Verdunstung von Wasser (Verdunstungswärme

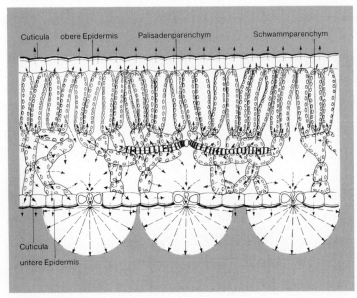

Abb. 62. Transpiration eines Laubblatts, schematisch. In der Mitte des Blatt-querschnitts sind zwei blind endende Gefäße erkennbar. Die ausgezogenen Pfeile geben die Richtung der Wasserzufuhr an, die unterbrochenen Pfeile den Weg des abgegebenen Wassers. Dabei ist die stomatäre Transpiration durch gestrichelte, die kutikuläre durch punktierte Pfeile angedeutet. Über den Spaltöffnungen sind die Wasserdampfkuppen dargestellt (aus NULTSCH).

600 cal/g!) den weitaus größten Posten dar, während die Photosynthese nur einen ganz geringen Anteil (etwa 1 %) ausmacht (Abb. 63).

Weitere Funktionen des Blattes und damit verbundene Umgestaltungen

Häufig wird eine weitere Funktion von Blättern wahrgenommen, die der **Sekretion** und **Exkretion** durch Drüsenzellen. Unter Exkreten versteht man nach außen abgegebene Stoffe, die keine weitere Funktion besitzen. Während in der Regel Endprodukte des Stoffwechsels innerhalb der Zellen im Zellsaft gespeichert werden, können sie in besonderen Fällen durch Drüsen nach außen abgegeben werden. Das kommt vor allem bei Substanzen vor, die im Überschuß vorhanden sind. Manche Kalkpflanzen, wie *Saxifraga*-Arten, besitzen Kalkdrüsen und scheiden eine Ca-Lösung aus, die an der Luft $CaCO_3$ bildet. Manche Salzpflanzen scheiden Kochsalz aus. Viele Pflanzen besitzen Wasserspalten (Hydathoden), deren Tätigkeit eine Durchströmung der Pflanzen mit Wasser auch dann gewährleistet wenn keine Transpiration möglich ist. Sie sind häufig bei Wasserpflanzen, treten aber auch bei vielen Landpflanzen auf. Dort scheiden sie in feuchten Nächten Wassertropfen ab (Guttation), die nicht selten mit Tautropfen verwechselt werden. Sekrete sind Substanzen, die Funktionen außerhalb der Zelle wahrzunehmen haben, z. B. ätherische Öle (Duftstoffe, z. T. als Fraßschutz) oder extrazelluläre Enzyme bei fleischfressenden Pflanzen (s. Seite 177).

Gerade die Blätter zeigen vielfältige Formen bei gleichbleibendem Bau-Prinzip. Sie sind als Anpassung an spezielle Standorte zu verstehen und befähigen die Blätter zu speziellen Funktionen. Als wichtigste wären hervorzuheben:

Wasserspeicherung. Um größere Wasserverluste während kritischer Phasen zu vermeiden, können Pflanzen nicht nur ihre Spaltöffnungen schließen oder das wasseraufnehmende Wurzelsystem vergrößern, sondern auch Wasserspeicher anlegen. Viele Arten bilden Blätter mit einem großen Verhältnis von Wassergehalt zu Blattoberfläche, d. h. dicke Blätter, die man als sukkulent bezeichnet. Da solche massigen Pflanzenorgane viel Festigungsmaterial benötigen, ist ihr Wassergehalt pro Trockengewicht u. U. nicht besonders hoch.

Im Dienste der **Speicherung von Reservestoffen** kommt es nicht selten zu Umgestaltungen von Blättern. Kurze, oft unterirdische Sprosse mit

Abb. 63. Die Verteilung der auf ein chlorophyllhaltiges Blatt auftreffende Sonnenstrahlung. Die angegebenen Werte zeigen die annähernde Verteilung der Energie. Die Werte sind abhängig von den äußeren und inneren Bedingungen (nach Spoehr aus Steward).

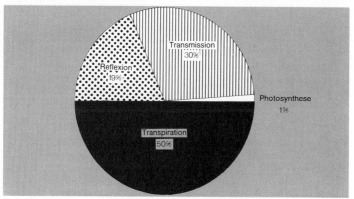

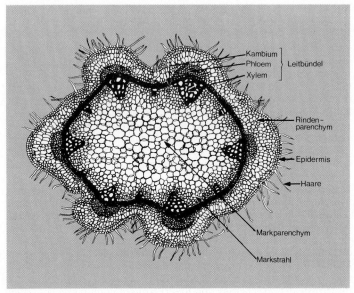

Abb. 64. Sproßquerschnitt der Feuerbohne *(Phaseolus coccineus)* (nach SCHMEIL-SEYBOLD).

stark verdickten, fleischigen Speicherblättern werden als Zwiebeln bezeichnet. Speicherstoffe finden sich auch in Brutzwiebeln, die zugleich der vegetativen Vermehrung dienen.

Haftfunktion üben Blätter aus, die ganz oder teilweise zu Ranken umgebildet sind. Bei fleischfressenden Pflanzen dienen Blätter als **Fangorgane** (s. Seite 176). Von den Umgestaltungen der Blätter als Blütenorgane soll noch später die Rede sein. Verdornung von Blättern oder Blatteilen kann als Anpassung an Trockenheit (z. B. Kakteen) oder auch als Fraßschutz (z. B. Disteln als Weideunkräuter) gedeutet werden. Besonderheiten des Baues von Wasserpflanzen sind sehr dünne, oft schmale Blätter mit funktionslosen Stomata und gleichmäßigem Mesophyll. Sie besitzen zur Durchlüftung der unter Wasser befindlichen Organe ein an Interzellularen reiches Luftgewebe (Aerenchym, Abb. 69, s. Seite 106), das sich in Sproßachsen und Wurzeln fortsetzen kann.

Die meisten Umbildungserscheinungen (Metamorphosen) sind als **Anpassungen** zu verstehen. Die bisher genannten Metamorphosen des Blattes sind Ergebnis von Mutationen, also genetisch bedingt. Andere

Anpassungen entstehen durch direkte Einwirkung von Außenfaktoren auf die Entwicklungsprozesse. Die auf diese Weise hervorgerufenen Gestaltveränderungen (Morphosen) werden als **Modifikationen** bezeichnet. Gerade Blätter können sich stark modifikativ verändern. Ein Beispiel ist die Heterophyllie von Wasserpflanzen, wo an derselben Pflanze unter Wasser stark geschlitzte, in der Luft nur leicht gelappte Blätter entstehen. Vom Wasserhaushalt abhängige Metamorphosen sind z. B. die Erscheinungen der Hygromorphie (dünne, saftige Blätter, mit zarter Epidermis und Cuticula sowie weiten Interzellularen) wie der Xeromorphie (Verdickung der Epidermisaußenwände, Einsenkung der Spaltöffnungen, vielschichtiges Mesophyll, kleine Interzellularen, dichte Aderung des Blattes, stärkere Behaarung). Sonnenblätter tragen xeromorpheren, Schattenblätter hygromorpheren Charakter (vgl. Abb. 55, Seite 87). Photomorphosen werden durch Unterschiede in der Lichtstärke bedingt, wie z. B. das Etiolement (geringe Differenzierung und fehlendes Ergrünen der Blätter bei starkem Längenwachstum der Achsen) oder durch Unterschiede in der Lichtqualität, wie z. B. durch unterschiedlichen UV-Gehalt des Lichtes in verschiedenen Höhenlagen. Weitere Morphosen gehen auf die Wirkungen der Temperatur, der Schwerkraft, chemische Faktoren sowie die Kombination mehrerer Faktoren zurück. Direkte Umwelteinflüsse und innere Ursachen sind meist schwer zu trennen: Zwar werden Pflanzen der gleichen Art an verschiedenen Standorten oft genetisch unterschiedliche Sippen (**Ökotypen**) darstellen, doch geht ein Teil ihrer Unterschiede auch auf Modifikationen zurück. Diese Unterschiede verschwinden, wenn die Pflanzen unter gleichartigen Bedingungen kultiviert werden.

1.3.4 Sproßachse

Bau der Sproßachse

Aufgabe der Sproßachse ist es, die meist kurzlebigen Blattorgane zu tragen, sie mit Wasser und Mineralsalzen von der Wurzel her zu versorgen und in den Blättern gebildete organische Substanzen in die Wurzel zu transportieren oder zu speichern. Entsprechend den Funktionen Festigung und Transport sind am Aufbau Leit- und Festigungsgewebe stark beteiligt; auch Parenchyme sind reichlich vertreten, die z. T. Speicherfunktion ausüben. Je höher die Blätter im Zuge der Konkurrenz um Licht in die Höhe gehoben werden, um so größer ist der Umfang der Transportvorgänge.

Die Sproßachse ist in ihrem Bau mit der Wurzel vergleichbar. Auch sie ist gegliedert in Abschlußgewebe, Rinde und Zentralzylinder. Die meristematische Bildungszone am Sproßscheitel, an dem Sproßachse und Blätter entstehen, wurde schon erwähnt. Auf diese Zone folgt eine sehr

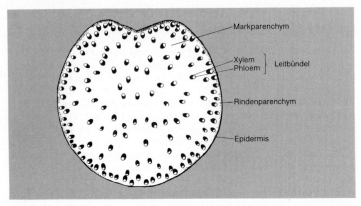

Abb. 65. Schematischer Sproßquerschnitt von Mais *(Zea mays)* (nach
SCHMEIL-SEYBOLD).

schmale Determinationszone und schließlich die Differenzierungszone,
in der die Dauergewebe ausgebildet werden (Abb. 64, Abb. 65).
Die **Epidermis** ist, ähnlich wie die der Blätter, ein geschlossenes, ein-
schichtiges, meist chlorophyllfreies Abschlußgewebe, das von Spaltöffnungen durchbrochen ist. Die Außenwände der Epidermiszellen sind
verdickt und von einer Cuticula überzogen. Die **Rinde** besteht zum
größten Teil aus einem großzelligen, an Interzellularen reichen Parenchym, das Chloroplasten führt. Es hat die Funktion der Photosynthese
und der Speicherung. Die äußeren Schichten der Rinde, direkt unter der
Epidermis, sind nicht selten als **Festigungsgewebe** ausgebildet. Es kann
sich dabei um die uns bereits bekannten, sehr langgestreckten **Sklerenchymfasern** handeln, die meist verholzt und tot, seltener mit Cellulose-
Pektin-Wänden versehen und dann lebend sind (Abb. 66c, d). Häufig
treten in den äußeren Rindenschichten weitere Festigungsgewebe auf,
die nur wenig langgestreckte, den Parenchymzellen ähnliche Zellen mit
stellenweise verdickten Cellulose-Pektin-Wände besitzen. Diese Festigungsgewebe, die stets lebend sind, werden als **Kollenchyme** bezeichnet
(Abb. 66a). Sind die Zellecken, bzw. räumlich gesehen: Zellkanten,
so verdickt, daß stabartige Verstärkungen entstehen, so spricht man
von Kanten-Kollenchym. Sind die Tangentialwände verdickt, so daß
plattenartige Verstärkungen entstehen, so spricht man von Plattenkollenchym (Abb. 66b, Abb. 70). Besonders in den inneren Teilen der
Sproßachsen treten einzeln oder in kleinen Gruppen verholzte Sklereiden auf. Sie sind nicht, wie die Sklereiden der Samenschale gestreckt,
sondern mehr oder weniger regelmäßig polygonal gebaut. Sie werden
Steinzellen genannt (Abb. 66e). Da die in der Primärwand angelegten

Tüpfel auch bei der Auflagerung weiterer Lamellen ausgespart bleiben, entstehen allmählich Tüpfelkanäle, die die (toten) Zellen verbinden. Plattenkollenchyme und insbesondere Steinzellen zeichnen sich durch Druckfestigkeit, Kantenkollenchyme und insbesondere Sklerenchymfasern durch Zugfestigkeit aus. Die innerste Rindenschicht ist häufig als Stärkescheide besonders differenziert. Sie nimmt die Stelle ein, an der sich in der Wurzel die Endodermis befindet. Der Zentralzylinder enthält die in das **Markparenchym** und häufig in umgebendes Festigungsgewebe eingebetteten **Leitbündel** (Faszikel). Sie sind bei den Samenpflanzen fast ausschließlich kollateral, d. h. mit nebeneinander liegendem **Holzteil** (**Xylem,** innen) und **Siebteil** (**Phloem,** außen) versehen. Bei den Dikotyledonen und Gymnospermen wird ein Kreis von Leitbündeln ausgebildet, die als offen (bzw. offen kollateral) bezeichnet werden, da Xylem und Phloem durch einen Meristem-Streifen, das Kambium, ge-

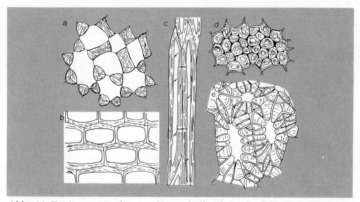

Abb. 66. Festigungsgewebe. a = Kantenkollenchym; b = Plattenkollenchym; c = Sklerenchymfasern im Längsschnitt; d = im Querschnitt; e = Steinzellen mit Tüpfelkanälen (aus WALTER).

trennt sind. Das **Kambium** ist ein primäres Meristem; es zieht sich in Form langer, dünner Bänder in den Leitbündeln von der Basis des Sprosses bis zum Sproßscheitel hin und besitzt im Gegensatz zu anderen Meristemen langgestreckte Zellen (Abb. 67). Bei den Monokotyledonen grenzen Xylem und Phloem direkt aneinander. Ihre Leitbündel werden als kollateral geschlossen bezeichnet. Sie sind auf dem ganzen Sproßquerschnitt verstreut. In diesem Fall ist eine klare Trennung von Rinde und Zentralzylinder nicht möglich (Abb. 65). In beiden Fällen unterscheidet sich die Anordnung im Sproß von der Anordnung in der Wurzel. Am Wurzelhals geht daher das radiale Leitbündel auf komplizierte Weise in die kollateralen Leitbündel über.

Tab. 9. Wichtigste Zelltypen in den Leitgeweben

	Funktion	Gymno-spermen	Dikotyle-donen	Monokotyle-donen
Phloem	Leit-funktion	Siebzellen	Siebröhren	Siebröhren
	Hilfs-funktion	Strasburger-zellen	Geleitzellen Phloem-parenchym	Geleitzellen (Phloem-parenchym selten)
Meristem	Zell-neubildung	Kambium-zellen	Kambium-zellen	
Xylem	Leit-funktion	Tracheiden	Tracheiden Tracheen	Tracheiden Tracheen
	Hilfs-funktion	Xylem-parenchym	Xylem-parenchym	Xylem-parenchym

Die Funktion der Leitgewebe ist bei den verschiedenen Gruppen im Prinzip gleich, die Zelltypen differieren aber etwas (Tab. 9, Abb. 67, 68): Die Gymnospermen enthalten als Holzgefäße nur Tracheiden, schlanke Zellen mit zugespitzten Enden und entsprechend schräg verlaufenden Querwänden. Bei den Angiospermen treten zusätzlich auch Tracheen auf; das sind sehr weite Gefäße mit aufgelösten Querwänden, die auf diese Weise mehrere cm oder gar mehrere m lange Röhrensy-

Abb. 67. Längsschnitt eines Leitbündels der Bohne (nach KAUSSMANN).

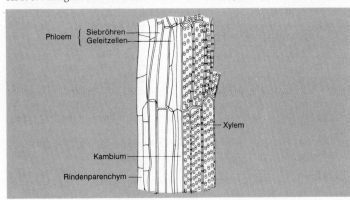

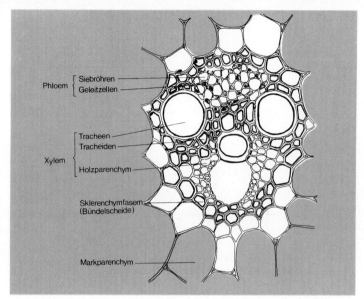

Abb. 68. Leitbündelquerschnitt von Mais (nach BRAUNE, LEMAN und TAUBERT).

steme entstehen lassen. Beide Zellsorten sind durch stark verdickte, verholzte Zellwände charakterisiert. Die Wandverdickungen können Ring-, Schrauben- oder Netzform besitzen oder sparen nur die Tüpfel aus. Sie üben ihre Leitfunktion in abgestorbenem Zustand aus. Außer den leitenden Zellelementen tritt im Xylem auch Parenchym auf.

Die leitenden Elemente im Phloem sind bei den Gymnospermen die Siebzellen und bei den Angiospermen die Siebröhren. Letztere weichen von der üblichen Zellorganisation durch eine frühzeitige Auflösung des Zellkernes und das Fehlen einer Vakuole bzw. eines Tonoplasten ab. Ihre Benennung geht auf die mit Poren versehenen Siebplatten zurück, die an den Zellenden sowie an den Seitenwänden die Siebröhren miteinander verbinden. Jede Siebröhre ist bei den Angiospermen von einer plasmareichen Zelle, der Geleitzelle begleitet. Auch Parenchym tritt im Phloem auf.

Im Zentrum der Sproßachse findet sich meist wieder weitlumiges Parenchym, das **Markparenchym,** das zwischen den Leitbündeln hindurch in Form der Markstrahlen bis zum Rindenparenchym reicht. Bei Wasser- und Sumpfpflanzen ist das Markparenchym häufig als Durchlüftungsgewebe (Aerenchym) ausgebildet. Bei seiner Entstehung bilden

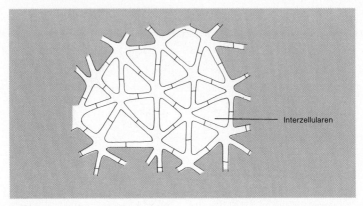

Abb. 69. Aerenchym der Flatterbinse *(Juncus effusus)* im Querschnitt (aus KAUSSMANN).

sich durch örtliches Wachstum der Zellen armartige Fortsätze, zwischen denen sehr große Interzellularen frei bleiben (Abb. 69).

Mehrjährige Sprosse können wie mehrjährige Wurzeln ein **sekundäres Dickenwachstum** ausführen. Bei Gymnospermen und Dikotyledonen geschieht dies auf der Basis eines ringförmigen Kambiums. Das erinnert an die Verhältnisse in der Wurzel (s. Seite 71), jedoch sind die anatomischen Voraussetzungen im Sproß andere. Der Kambiumring (räumlich gesehen: ein Rohr) kann sich entweder direkt aus dem Meristem des Sproßscheitels als Restmeristem ableiten (*Tilia*-Typ, vor allem bei Holzpflanzen). In anderen Fällen ist zunächst nur der Anteil innerhalb der primären Leitbündel meristematisch und ergänzt sich erst durch die zwischen den primären Leitbündeln, also in den Markstrahlen gelegenen Anteile zu einem geschlossenen Ring. Hierbei gibt es wiederum zwei Möglichkeiten: entweder kann das primäre Markstrahlgewebe selbst zum sekundären Meristem werden (*Aristolochia*-Typ, verwirklicht bei Lianen), oder es werden zwischen die primären Leitbündel sekundäre Leitbündel eingezogen, die dann durch die schmaler gewordenen Markstrahlen hindurch zum Ring ergänzt werden (*Helianthus*-Typ, verwirklicht bei vielen Kräutern). Teile des Kambiums, die innerhalb der Leitbündel (Faszikel) liegen, werden faszikuläres Kambium genannt, solche, die zwischen den Leitbündeln liegen, interfaszikuläres Kambium. Das auf diese Weise geschlossene Kambium produziert dann nach innen Tracheiden (bei Dikotyledonen auch Tracheen), Holzparenchym, Markstrahlparenchym und Holzfasern, zusammenfassend als Holz bezeichnet. Nach außen produziert es Bast, nämlich Siebzellen bzw. Siebröhren, Geleitzellen, Phloemparenchym und Bastfasern. Zwischen den primären Markstrahlen, deren Abstände mit dem Fortgang des Dickenwachstums immer größer werden, werden zusätzliche sekundäre Markstrahlen eingezogen. Die Mengenverhältnisse der einzelnen Zellelemente und die Form und Größe der Markstrahlen sind artspezifisch verschieden. Da die im Frühjahr gebildeten Gefäße meist erheblich weiter sind als die Sommer-Gefäße, entstehen in vielen Fällen deutliche, besonders im Holz gut erkennbare Jahresringe. Entstehen großlumige Tracheen nur im Frühjahr, so sind sie ringartig angeordnet (ringporige Hölzer, z.B. *Quercus, Ulmus*), entstehen sie auch im Sommer noch, sind sie gleichmäßiger über den Sproßquerschnitt verteilt (zerstreutporige Hölzer, z.B. *Fagus, Tilia*). Nur die nahe am Kambium gelegenen jüngsten Phloem- und Xylemschichten erfüllen noch ihre Transportfunktion. Bei manchen Bäumen (Kernhölzer, z.B. *Quercus, Ulmus*) wird der innere Teil des Holzes durch Einlagerung von Gerbstoffen dunkel gefärbt und gegen Mikroorganismen resistent gemacht (Kernholz), während der äußere Teil heller und wasserreicher bleibt (Splintholz). Bei anderen Bäumen gibt es diese Verkernung nicht (Splinthölzer, z.B. *Betula*). Beim Dickenwachstum werden auch die äußeren Teile der Sproßachse verändert, da sie starken Spannungen ausgesetzt sind. Nur selten vermag die Epidermis selbst eine Verbreiterung, ein Dilatationswachstum, auszuführen. Meist wird sie relativ frühzeitig durch ein sekundäres Abschlußgewebe, das **Periderm,** ersetzt (Abb. 70). Dazu bildet sich meist aus der äußersten Schicht des Rindenparenchyms ein sekundäres Meristem, das Phellogen (Korkkambium). Dieses gibt nach innen wenige Schichten parenchymatischer Zellen ab (Phelloderm), nach außen das Phellem (Kork). Phelloderm, Phellogen und Phellem gemeinsam werden als Periderm bezeichnet. Die Peridermbildung führt dazu, daß die jungen Sproßachsen nicht mehr die ursprüngliche grüne, sondern graue oder braune Farbe besitzen. Das gilt sowohl für oberirdische als auch für unterirdische Sprosse (vgl. z.B. die „Schale" der Kartoffeln). Die Zellwände des Phellems sind meist verkorkt und mehr oder weniger impermeabel; die Zellen sterben daher ab.

Im Bereich ehemaliger Spaltöffnungen der Epidermis ist das Phellem unterbrochen durch **Lenticellen.** Sie bestehen aus locker gelagerten, verkorkten Füllzellen, zwischen denen Interzellularen nach außen führen. Die Lenticellen dienen dem Gaswechsel der Rinde, der nach der Peridermbildung mehr in Atmung als in Photosynthese besteht.

Mit zunehmender Dicke des Sprosses werden meist neue Korkkambien innerhalb des ersten angelegt. Sie schneiden zunächst in die primäre Rinde, später auch in den Bast ein. Die äußeren Schichten werden abgestoßen und die neu produzierten Schichten durch Verkorkung und andere Vorgänge stark verändert. Dadurch entsteht die **Borke** als tertiäres Abschlußgewebe. Verlaufen die Korkkambien konzentrisch, so ent-

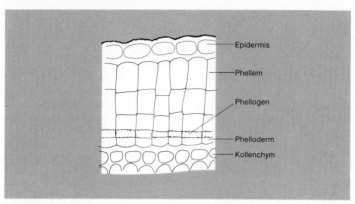

Abb. 70. Peridermbildung beim Holunder *(Sambucus nigra)* (aus KAUSS-MANN).

steht eine Ringelborke, schneiden sie Segmente heraus, wird eine Schuppenborke gebildet. Auf ähnliche Weise kann die Pflanze durch sekundäre Meristeme Verletzungen der Sproßachse schließen (Wundkork).

Da die Monokotyledonen keinen Kambiumring besitzen, weisen sie nicht das sekundäre Dickenwachstum der Dikotyledonen oder Gymnospermen auf. Baumförmige Monokotyledonen wachsen daher entweder von der Basis an in voller Breite nach oben, wobei der Vegetationskegel flach oder gar muldenförmig eingebuchtet ist (z. B. bei den Palmen), oder sie haben in seltenen Fällen eigene, spezifische Formen des sekundären Dickenwachstums entwickelt (z.B. beim Drachenbaum, *Dracaena*). Häufig nehmen die Blattscheiden an der Festigung der Sproßachse teil (z.B. bei den Gräsern) oder bilden sogar allein den „Stamm" eines Baumes (z.B. beim Scheinstamm der Banane).

Während sommer- und regengrüne Blattorgane nur wenige Monate leben, können Sproßachsen oft ein Alter von mehreren 100 Jahren erreichen. Das höchste Alter hat man bei einigen Kiefern nordamerikanischer Trockengebiete gefunden, wo eine Anzahl von Stämmen, manchmal auch nur noch einzelne Streifen des Kambiums, nachweislich seit über 4000 Jahren am Leben sind.

Festigungs- und Transportfunktion der Sproßachse

Die Notwendigkeit, die photosynthetischen Gewebe möglichst über die anderen Konkurrenten hinaus zu erheben, hat zur Entwicklung von Baumriesen geführt, von denen die Mammutbäume *(Sequoia gigantea)* mit bis zu über 100 m Höhe den Rekord halten. Das noch höhere Wachstum dürfte durch die Wasserversorgung wie auch durch die mechanische Beanspruchung begrenzt werden. In der Festigung dieser Organismen gegenüber Wind, Schnee und anderen Belastungen liegt eine enorme Leistung der beteiligten Gewebe, insbesondere der Festigungsgewebe, die ja auch bei der technischen Verwendung von Holz ausgenutzt wird. Dabei ist nicht nur das Vorhandensein von Sklerenchym und Kollenchym entscheidend, sondern auch dessen biotechnisch günstige Anordnung. Ein Gras von 2 m Höhe und 1 cm Sproßbasis-Durchmesser, das einen schweren Blütenstand trägt, ist mit anderen Baustoffen technisch nicht ohne weiteres nachzuahmen.

Das Emportragen und -halten der Blattorgane schafft für die Pflanzen Probleme des Ferntransports, den die Sproßachsen zu leisten haben. Es wurde bereits erwähnt, daß die toten Gefäße des Xylems Wasser und gelöste Nährstoffe in einem kohärenten Wasserfaden transportieren, dessen Bewegungsenergie auf die Saugkraft der Atmosphäre zurückgeht. Der Wurzeldruck würde nur zur Anhebung um einige Meter ausreichen und ist nur als zusätzlicher Mechanismus anzusehen. Lufteintritt in die Gefäße muß vermieden werden, da eine Gasembolie den Strom sofort unterbrechen würde. Deshalb ist das Xylem – außer in seinen Parenchymen – frei von Interzellularen. Einige innere Bereiche des Zentralzylinders sind somit nicht an den Gaswechsel durch die Lenticellen angeschlossen und weisen bei Sauerstoffmangel oft Gärungsprozesse auf. Die Geschwindigkeit des Transports hängt von der Art der transportierenden Gefäße ab: In den Tracheiden der Gymnospermen kann sie um 1 m/h betragen, bei Laubhölzern um 5–30 m/h, wobei die ringporigen Hölzer wesentlich rascher transportieren als die zerstreutporigen. Am größten ist sie bei Lianen (bis 60 m/h), die bei geringem Stammquerschnitt eine hochgelegene Krone zu versorgen haben.

Auch im Phloem findet Ferntransport statt. Hier werden organische Stoffe wie Aminosäuren, Carbonsäuren und neben vielen anderen insbesondere Zucker (Transportform: Saccharose) als Photosyntheseprodukte in Wasser gelöst transportiert. Dieser Transport beruht einerseits – wie im Xylem – auf einer Massenströmung der im Phloem oft hoch konzentrierten Lösung. Andererseits sind in starkem Maße aktive Transportvorgänge beteiligt, also Vorgänge, die energieabhängig sind (und daher z. B. durch Atmungsgifte gehemmt werden können). Besonders gilt dies für die Be- und Entladung der Siebröhren durch die Geleitzellen. Der Phloemtransport kann je nach dem physiologischen Zustand der Pflanze sowohl apikalwärts als auch basalwärts gerichtet sein, je nachdem, welche wichtigen Transportaufgaben anstehen:

– Abtransport der Photosyntheseprodukte aus grünen Blättern;
– Transport mobilisierter Speicherstoffe aus Speicherorganen;
– Entzug von Substanzen aus alternden Blättern vor dem Laubfall.

Die Strömungsgeschwindigkeit kann einige cm/h, selten bis zu einigen m/h, betragen und somit in manchen Fällen der Geschwindigkeit des Transpirationstromes vergleichbar sein.

Nicht selten enthalten Sproßachsen größere **Exkretbehälter:** Bei den Gymnospermen finden wir häufig interzellular entstandene (schizogene) Harzkanäle, die mit einer Schicht von Drüsengewebe ausgekleidet sind. Sie enthalten als Exkrete Stoffgemische aus meist terpenartigen Substanzen, die zusammenfassend als Harze bezeichnet werden. Bei Angiospermen kommen schizogene oder durch Auflösung von Sekretzellen entstandene (lysigene) Kanäle oder rundliche Behälter mit ätherischen Ölen vor. Nicht selten treten Milchröhren auf, die entweder lange, querwandlose Exkretzellen darstellen (ungegliederte Milchröhren), oder durch Fusion von Zellen nach Auflösung der Querwände entstanden sind (gegliederte Milchröhren). Sie enthalten eine weißliche Flüssigkeit, den Milchsaft (Latex), in dem sich neben vielen anderen Substanzen besonders ätherische Öle, Harze, Wachse, Gummi und Polyterpene (Guttapercha, Kautschuk) befinden. Die Inhaltsstoffe der Exkretbehälter führen in vielen Fällen zu einer wirtschaftlichen Nutzung der betreffenden Pflanze.

Weitere Funktionen der Sproßachse und damit verbundene Umgestaltungen

In jungen Sproßachsen ist das Rindenparenchym grün und photosynthetisch aktiv. Bei manchen Pflanzen sind die Blätter reduziert, was oft im Zusammenhang mit Anpassungen an trockene Standorte zu verstehen ist. Hier übernehmen die Sprossen die Funktion der Photosynthese sogar hauptsächlich. Sie können gelegentlich, abweichend von der übrigen Sproßgestalt, breit und flach, blattähnlich geformt sein.

Der Vermehrung dienen **Ausläufer,** kriechende, oberirdische Sprosse, die an den Knoten sproßbürtige Wurzeln bilden und neue Pflanzen entstehen lassen können. In verschiedener Form sind **Speichersprosse** entwickelt. Hier sind zu nennen:

– Rhizome, kriechende, unterirdische Sprosse mit Schuppenblättern;
– Knollen, Verdickungen einzelner Sproßabschnitte, z.B. mehrerer oberirdischer Internodien (Kohlrabi), des Hypokotyls (Radieschen, Zuckerrübe) oder unterirdischer Ausläufer (Kartoffel);
– Zwiebeln, unterirdische Sprosse mit sehr kurzen Internodien und verdickten Schuppenblättern (Tulpe) oder Blattscheiden (Küchenzwiebel). Meist können Speichersprosse auf vegetativem Wege neue Pflanzen bilden, sie dienen also auch der Vermehrung.

Als **Wasserspeicher** dienen die Sprosse der Stammsukkulenten (z.B. Kakteen). Von weiteren Funktionen sei das Festhaften von normal entwickelten, aber windenden, oder von zu Ranken umgebildeten Sproßachsen erwähnt.

Auch modifikativ können Sproßachsen stark veränderlich sein: Zwergwuchs bei Wassermangel, gedrungene Sprosse bei hohem Ultraviolett-Anteil des Lichtes, Verlängerung und Etiolement im Dunkeln oder Schwachlicht (s. Seite 65) sind einige Beispiele für umweltbedingte Morphosen. Die Einwirkung von giftigen Chemikalien (z.B. Herbiziden) führt häufig zu extremen Umgestaltungen des ganzen Kormus. In allen diesen Fällen wirken Außenfaktoren auf die hormonale Regelung von Wachstum und Differenzierung ein.

1.4   Generative Entwicklung

Bisher haben wir den Verlauf der Entwicklung von der Keimung bis zur Ausbildung der vegetativen Organe betrachtet. Diese rein vegetative Entwicklung wird nach einem gewissen Zeitraum, der in manchen Fällen nur wenige Wochen, bei Bäumen aber auch mehrere Jahrzehnte betragen kann, durch die generative Entwicklung abgelöst. Am Sproßscheitel werden dann die Reproduktionsorgane gebildet. Längst ehe eine äußerlich sichtbare Erscheinung, z. B. die Blüte, auftritt, muß daher am Vegetationskegel eine Umstimmung aufgetreten sein. Erst muß es zu einer Blühinduktion kommen, ehe die Prozesse einsetzen, die zu den charakteristischen Organen der Blüte führen (Blütenbildung).

1.4.1   Blühinduktion

Die Blühinduktion ist an die Wirkung der Außenfaktoren Licht und Temperatur gebunden, die es gewährleisten, daß eine Pflanze immer zu einer bestimmten Jahreszeit blüht. Die Lichteinwirkung ist in diesem Falle keine Funktion der Beleuchtungsstärke, sondern der Belichtungsdauer, d. h. der **Tageslänge.** Anders als bei der Photosynthese, wo in Abhängigkeit von der Beleuchtungsstärke ein bestimmter Teil der eingestrahlten Energie von der Zelle ausgenutzt wird, wird die Blühinduktion durch das Vorhandensein oder Fehlen von Licht ungeachtet der Beleuchtungsstärke geregelt. Die Reaktion, die durch das Licht ausgelöst wird, führt zu Umsetzungen, deren Energie viele Male höher ist als die des eingestrahlten Lichtes. Diese Eigenschaften sind kennzeichnend für eine Reizreaktion. Der Reiz, in unserem Falle das Licht, löst eine Reaktion aus, für die er nicht zugleich Energiequelle ist. Lichtakzeptor ist das Phytochrom (s. Seite 64), Ort der Reizaufnahme sind die Blätter. Eine große Anzahl von Pflanzen erfährt eine Blühinduktion, wenn die Tageslänge eine bestimmte Größe, die sog. *kritische Tageslänge,* überschreitet. Man nennt diese Pflanzen **Langtagpflanzen.** Sie sind häufig Bewohner höherer Breiten, in denen die Sommertage lang sind. Die kritische Tageslänge ist artspezifisch verschieden und liegt in der Regel zwischen 10 und 14 Stunden (Abb. 71). Andere Pflanzen blühen nur, wenn die

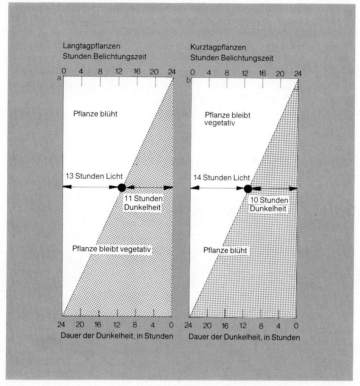

Abb. 71. Einfluß der Tageslänge auf die Blütenbildung von Spinat *(Spinacia oleracea)* und Chrysanthemen *(Chrysanthemum* spec.). Man beachte, daß die kritische Tageslänge für *Chrysanthemum* (b) 14 Stunden und für *Spinacia* (a) 13 Stunden beträgt (nach ROBBINS, WEIER und STOCKING aus STEWARD).

Belichtungsdauer unterhalb der kritischen Tageslänge bleibt. Sie werden als **Kurztagpflanzen** bezeichnet und sind häufig Bewohner niederer Breiten. Pflanzen, die keine deutlich erkennbare Abhängigkeit von der Tageslänge zeigen, heißen **tagneutrale Pflanzen.** Pfropft man ein Blatt einer blühinduzierten Pflanze auf eine nicht induzierte Pflanze, die unter nicht induzierenden Bedingungen kultiviert wird, so kommt diese zur Blüte. Daraus wird ersichtlich, daß die Blätter Ort der Reizaufnahme sind und daß ein Stoff aus dem induzierten Blatt in die Vegetationskegel der nicht induzierten Pflanze wandert. Dieser Stoff ist zwar noch nicht chemisch rein isoliert, aber in vielen Versuchen nachgewiesen worden

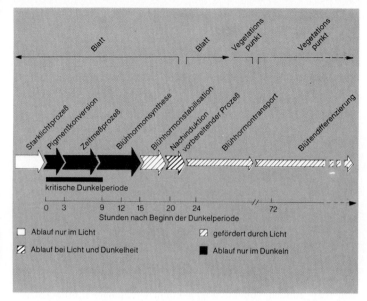

Abb. 72. Ablauf der Teilprozesse der Blütenentwicklung bei *Xanthium* (nach LANG aus RÜNGER).

und wird als Blühhormon (Florigen) bezeichnet. Der Ablauf der Blüh-induktion dürfte, vereinfacht dargestellt (vgl. Abb. 72), folgender sein: Die Pflanze kann mit Hilfe eines auch bei anderen tagesrhythmischen Vorgängen fungierenden Zeitmessers (rhythmischer Stoffwechselpro-zesse) die Länge der Lichtzeit feststellen. Nur bei bestimmten Verhält-nissen von Lichtperiode zu Dunkelperiode können unter Mitwirkung des Phytochromsystems die Gene für die Bildung des Blühhormons ak-tiviert werden. Dieses wird im Blatt gebildet und durch das Phloem transportiert. Dadurch gelangt es in den Sproßscheitel, wo es die Gene für die Blütendifferenzierung aktiviert. Die Bedingungen, die für die an-schließende Blütenbildung benötigt werden, können andere sein als die Bedingungen für die Blühinduktion.

Da im Jahresablauf jede Tageslänge mit Ausnahme des längsten und des kürzesten Tages zweimal auftritt, muß ein Kontrollmechanismus einge-schaltet werden, der reguliert, ob die Blüte im Frühjahr(-Sommer) oder im (Sommer-)Herbst gebildet werden soll. Viele Pflanzen benötigen ei-nen Zeitraum mit niedrigen Temperaturen, um die Vorbedingungen für eine Blühinduktion durch die Tageslänge zu schaffen. Die Kältewir-kung auf die Blühinduktion wird **Vernalisation** genannt; sie ermöglicht eine Blütenbildung im Frühjahr. Vernalisation kann in vielen Fällen durch Hormone, nämlich durch Gibberelline, ersetzt werden.

1.4.2 Blütenbildung

Der umgestimmte Vegetationskegel bildet anstatt der vegetativen Sproßanlagen die Anlagen der Blüte bzw. ganzer Blütenstände (Infloreszenzen). Die Blüte ist ein Sproß, dessen Internodien meist sehr kurz sind, dessen Blattorgane direkt oder indirekt im Dienste der Fortpflanzung stehen und dessen Scheitelmeristem sich bei der Bildung der Blüte aufbraucht. Mit anderen Worten: Die Blüte ist ein gestauchter Sproß begrenzten Wachstums, der die männlichen und weiblichen Fortpflanzungsorgane trägt.

Bei der generativen Entwicklung werden keineswegs nur die Blüten gebildet, sondern auch vegetative, grüne Blattorgane, die aber häufig als nur wenig differenzierte Hochblätter ausgebildet sind. Soweit in ihren Achseln Blüten oder Äste des Blütenstandes entspringen, werden sie als Brakteen bezeichnet. Der Blütenstand zeichnet sich häufig durch besonders geordnete **Verzweigungsformen** aus. Wie bei den vegetativen Verzweigungen (s. Seite 80) kann man formal zwei Gruppen unterscheiden: Bei einer Gruppe ist die Hauptachse immer länger oder wenigstens ebensolang wie die Seitenachsen (Abb. 73), wobei die Seitenachsen einfache Blüten tragen können (einfache Infloreszenzen, Abb. 73a–e) oder ganze Teilblütenstände (zusammengesetzte Infloreszenzen, Abb. 73f–h). Bei der anderen Gruppe wird die Hauptachse von einer (Monochasium), zwei (Dichasium) oder mehreren (Pleiochasium) Seitenachsen übergipfelt (Abb. 74). Auch sind Kombinationen möglich, etwa beim Thyrsus, bei dem im Gesamtblütenstand die Hauptachse dominiert, in den Teilblütenständen jedoch die Seitenachsen. Als ursprünglichste Form gilt die Rispe, von der sich teils durch Komplexierung, teils durch Verarmung (bis hin zur Einzelblüte) die übrigen Infloreszenzen ableiten lassen. Die Blätter im Blütenbereich stehen im ursprünglichsten Falle ebenso angeordnet wie die vegetativen Blätter, meist also in einer schraubigen, wechselständigen Stellung (z. B. die $\frac{2}{5}$-Stellung, bei der die aufeinanderfolgenden Blätter Winkel von $\frac{2}{5}$ des Kreisumfangs, also von ca. 144°, miteinander bilden); eine solche Blüte heißt azyklisch. Häufig setzt sich gerade im Bereich der Blüte die Tendenz zur Stellung in Quirlen (Kreisen) durch, wobei die Zahlenverhältnisse meist genau fixiert sind. Ist diese Tendenz zunächst nur in den äußeren Teilen der Blüte, nämlich der Blütenhülle (s. unten) ausgeprägt, nennt man die Blüte hemizyklisch, erfaßt sie die ganze Blüte, nennt man sie zyklisch.

Abb. 73. Infloreszenzen mit dominierender Hauptachse. a–e = einfach, f–h = zusammengesetzt.

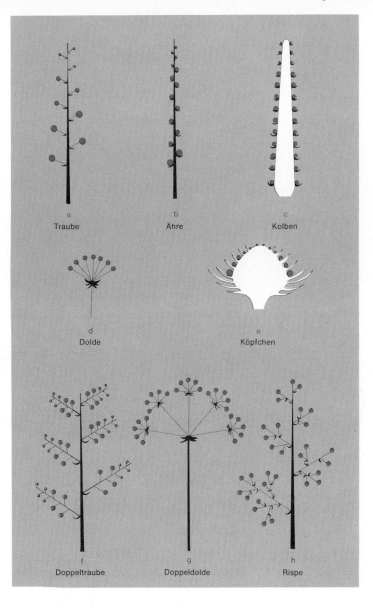

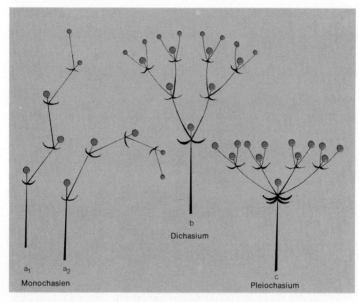

Abb. 74. Infloreszenzen mit dominierenden Seitenachsen

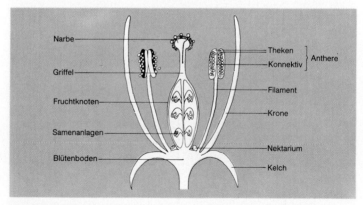

Abb. 75. Schema des Blütenbaues. Der Pollen befindet sich in der rechten Anthere noch in den Pollensäcken, in der linken wird er gerade ausgestreut, während er auf den Papillen der Narbe in der Phase der Pollenschlauchbildung dargestellt ist (nach WALTER).

Die äußeren Blattorgane (zum folgenden s. Abb. 75) bilden die **Blüten-hülle (Perianth)**, deren Funktion die Bildung eines Schauapparates für bestäubende Tiere und der Schutz der Blütenknospe ist. Beide Funktio-nen werden vereinigt, wenn die Blütenhüllblätter mehr oder weniger gleichartig ausgebildet sind, gleichgültig ob sie schraubig oder in einem oder zwei Kreisen angeordnet sind. Man nennt die Hülle in diesem Falle Perigon. Perigone treten besonders häufig bei Monokotyledonen auf. Beide Funktionen werden getrennt, wenn die Blütenhülle in zwei deut-lich verschiedene Kreise, nämlich in einen äußeren, meist unscheinba-ren, grünen Kreis, den Kelch (Calyx), und einen inneren, meist lebhaft gefärbten Kreis, die Krone (Corolla), gegliedert ist. Kelch und Krone treten häufig bei Dikotyledonen auf. Bei den Gymnospermen gibt es nur schuppenartige Organe, die eine Blütenhülle andeuten.

Die Schauwirkung beruht auf den verschiedenen Blütenfarbstoffen. Die wohl häufigsten sind die Anthocyane, wasserlösliche Substanzen des Zellsaftes, die in saurem Milieu rote, in basischem Milieu blaue und in Verbindung mit anderen Molekülen nuancierte Farbtöne hervorrufen können. Sie sind Derivate des dreiringigen Flavan-Grundgerüst (Abb. 76) und treten wie die chemisch verwandten, gelben Flavone auch au-ßerhalb des Blütenbereichs auf. In einzelnen Gruppen werden sie durch gefärbte Alkaloide (rote Betacyane und gelbe Betaxanthine) ersetzt. Eine ganz andere Art der Färbung kommt durch spezialisierte Plastiden zustande, nämlich durch die Chromoplasten, die große Mengen von Carotinoiden in Kristallform enthalten. Sie erzeugen in Blüten und ins-besondere auch in Früchten rote, orange und gelbe Farbtöne. Sie entste-hen aus Proplastiden, können aber auch, z. B. bei der Herbstfärbung der Blätter, aus Chloroplasten hervorgehen (s. Abb. 52, Seite 85).

Die Blütenhüllblätter sind meist morphologisch und anatomisch leicht als Blattorgane erkennbar. Auf sie folgen nach innen die **Staubblätter** (Stamina, Einzahl: Stamen), deren Gesamtheit **Androeceum** heißt. Sie stehen meist in zwei Kreisen und haben einen stark spezialisierten Bau (Abb. 75, vgl. Abb. 78): Ein stielartiger Teil, das Filament, trägt die An-

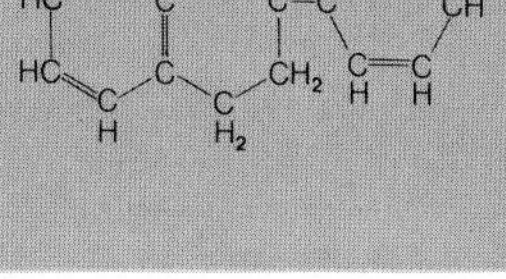

Abb. 76. Flavan.

there, die aus zwei Theken und dem dazwischenliegenden Konnektiv besteht. Die Theken bestehen aus zwei miteinander verbundenen Pollensäcken, deren Aufgabe die Bildung der Pollen ist. Unter der Epidermis folgt hier eine Faserschicht, deren Funktion bei der Öffnung nach Reifung der Pollen liegt. Weiter folgt auf eine Zwischenschicht das Tapetum, das der Ernährung der Pollenmutterzellen im inneren Teil des Pollensacks dient. Die Pollenmutterzellen, die wie die übrigen bisher besprochenen Zellen diploid sind, bilden die haploiden Pollen. Der Teilungsvorgang, bei dem der diploide Chromosomensatz auf einen haploiden herabgesetzt wird, heißt **Reduktionsteilung (Meiose)**. Er läuft in zwei Abschnitten (Reifeteilungen) ab, in denen zwei Chromosomen-Verteilungsvorgänge mit nur einer Chromosomen-Verdopplung kombiniert sind. In der ersten Reifeteilung werden ganze Chromosomen (und nicht, wie bei der Mitose, nur Chromatiden) auf die beiden Tochterzellen verteilt. Die Verteilung geschieht unabhängig davon, ob es sich um ursprünglich aus dem väterlichen oder dem mütterlichen Genom stammende Chromosomen handelt Dadurch kommt es zu einer Neukombination von Erbanlagen, die für die evolutive Weiterentwicklung der Art außerordentlich wichtig ist. Kurz danach schließt sich die zweite Reifeteilung an, bei der die Chromatiden wie bei einer Mitose in die Tochterzellen transportiert werden. Es entstehen also bei einer Meiose 4 haploide Zellen, die man Gonen nennt. Pollen sind als Gonen in Tetraden angeordnet und werden gelegentlich auch in Tetraden verbreitet. Sehr kompliziert ist der Bau der Pollenwand, der die polymeren Sporopollenine eine hohe Resistenz gegen chemische Angriffe verleihen. Sie bleiben daher unter günstigen Bedingungen (Sauerstoffmangel) lange erhalten. Da zudem Familien, Gattungen, ja Arten spezifische Pollenformen besitzen, ist die Bestimmung von Pollen in jüngeren geologischen Ablagerungen (Pollenanalyse) eine der bedeutendsten methodischen Hilfsmittel bei der Untersuchung der Geschichte der Vegetation.

Den Abschluß des Blütensprosses bilden die **Fruchtblätter** (Karpelle), deren Gesamtheit **Gynoeceum** heißt. Ihr Blattcharakter ist in einigen Fällen noch recht deutlich, in anderen Fällen weniger deutlich erkennbar. Sie tragen die Samenanlagen, die bei Gymnospermen offen auf dem Blattorgan liegen, bei Angiospermen durch Verwachsung der beiden Ränder eines Fruchtblattes in diesem Fruchtblatt oder durch Verwachsung mehrerer Fruchtblätter in einem Fruchtknoten eingeschlossen sind (Abb. 75). Der Fruchtknoten setzt sich nach oben mit einem stielartigen Teil, dem Griffel, fort, der die Narbe trägt. Fruchtknoten, Griffel und Narben werden gemeinsam als Stempel bezeichnet. Die empfindlichen Samenanlagen werden also bei Angiospermen durch die sie tragenden Fruchtblätter geschützt. Sie werden in unterschiedlicher Anzahl (1 bis viele je Fruchtknoten) von einem besonderen Bildungsgewebe, der Placenta, gebildet, mit dem sie durch den stielartigen Funiculus verbunden

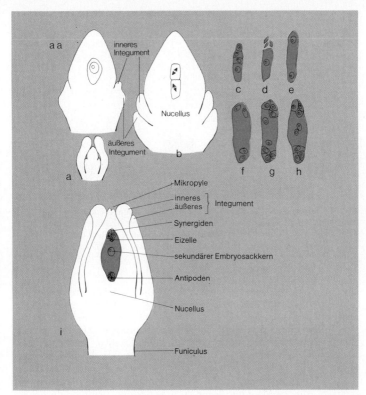

Abb. 77. Entwicklung des Eiapparats von *Polygonum*. a = Längsschnitt durch den Fruchtknoten mit einer Samenanlage, a = daraus die Samenanlage mit Embryosackmutterzelle, b = letztere bei Bildung der Tetraden (Reduktionsteilung!), c, d = Tetrade, bei der die oberen drei Zellen zugrunde gehen und die unterste zum Embryosack wird, e–h = dreimalige Teilung im Embryosack und Bildung des Eiapparats, i = Samenanlage mit fertigem Embryosack (nach STRASBURGER aus WALTER).

sind. An ihrer Basis, der Chalaza, entspringen zwei Integumente, die den Nucellus umhüllen und zwischen ihren Spitzen die Mikropyle frei lassen. Setzt die Samenanlage den Funiculus geradlinig fort, heißt sie atrop (vgl. Abb. 77); ist sie parallel zum Funiculus nach unten gerichtet, heißt sie anatrop (vgl. Abb. 75); ist sie selbst gekrümmt und steht damit etwa quer zum Funiculus, heißt sie kampylotrop.

Im Nucellus bildet sich die Embryosack-Mutterzelle (Abb. 77), die eine

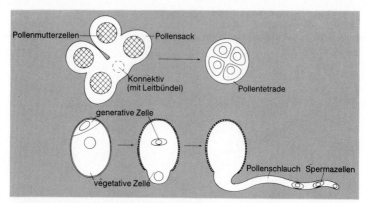

Abb. 78. Pollenentwicklung bei der Lilie: In den 4 Pollensäcken der jungen Anthere (links oben) bilden die Pollenmutterzellen unter Reduktionsteilung (R!) je 4 Pollenkörner in Tetraden (rechts oben). Das einzelne Pollenkorn teilt sich einmal in die generative und die vegetative Zelle (links unten). Die vegetative Zelle bildet den Pollenschlauch (unten Mitte), während sich die generative in die zwei Spermazellen teilt (unten rechts) (nach WALTER).

Meiose ausführt. Dabei entstehen 4 haploide Gonen, von denen sich nur eine zum Embryosack entwickelt. Er läßt meist, wenn auch weniger ausgeprägt als der Pollen, eine Zellwand aus Sporopolleninen erkennen. In seinem Inneren bildet sich bei den Gymnospermen häufig noch eine Vielzahl von Zellen, darunter mehrere Eizellen. Bei den Angiospermen entstehen 8 Kerne. Von ihnen gelangen 3 in die beiden Synergiden und die Eizelle (gemeinsam als Eiapparat bezeichnet), die sich an der der Mikropyle zugekehrten Seite des Embryosackes als Zellen abgrenzen. Am anderen Ende liegen die 3 Antipoden, während die beiden restlichen Kerne, die Polkerne, in die Mitte des Embryosackes wandern. Alle diese Kerne bzw. Zellen sind haploid, jedoch verschmelzen die beiden Polkerne zum diploiden sekundären Embryosackkern. Auch im Pollen (oft auch als Pollenkorn oder Blütenstaub bezeichnet) kommt es zu einer Entwicklung in der haploiden Phase, die jedoch nur zwei Teilungen umfaßt (Abb. 78). Die erste Teilung gliedert eine kleine generative Zelle von der größeren vegetativen Zelle (Pollenschlauchzelle) ab. Die generative Zelle wandert in den Pollenschlauch und bildet in einer weiteren Teilung die beiden Spermazellen, die die Befruchtung ausführen.

1.4.3   Fortpflanzung

Voraussetzung für eine Befruchtung ist, daß vorher der Pollen von den Staubblättern zu den Narben gebracht wird. Es muß also zunächst die

Bestäubung vor sich gehen. Meist muß der Pollen auf eine andere Pflanze übertragen werden, da innere Ursachen zu einer Selbstunverträglichkeit (Inkompatibilität) führen und oft morphologische Mechanismen eine Selbstbestäubung und damit eine Inzucht verhindert. Die Transportagentien können vor allem Wind, Wasser und Tiere sein. Windbestäubung (Anemogamie) ist meist verbunden mit einer Reduktion der Blütenhülle, da kein Schauapparat benötigt wird (vgl. Abb. 79). Die Zahl der männlichen Organe ist gegenüber der der weiblichen stark vermehrt, und die Ausbildung langer, federiger Narben erhöht die Auffangwahrscheinlichkeit. Selten geschieht die Übertragung durch Wasser (Hydrogamie), sehr häufig dagegen durch Tiere (Zoogamie; besonders durch Käfer, Wespen, Ameisen, Bienen, Hummeln, Fliegen, Schmetterlinge, auch Vögel oder Fledermäuse). Ein großer Teil der vielfältigen Blütenformen ist als Anpassung an die Bestäubungsbedingungen zu betrachten. Eine typische zoogame Blüte ist in Abb. 80 dargestellt. Viele Blüten bilden ein zuckerreiches Sekret ausscheidende Nektardrüsen (vgl. Abb. 75, Seite 116) oder senden mit Hilfe von Duftdrüsen Duftstoffe aus, die Tiere anlocken. Die Bestäubung ist wohl einer der wichtigsten Selektionsmechanismen bei der Bildung neuer Arten gewesen, was nicht nur für die Pflanzen, sondern ebenso für die bestäubenden Tiere gilt.

Bei den Angiospermen wird der Pollen auf die Narbe übertragen. Von

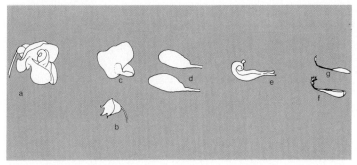

Abb. 80. Blüte einer Bohne *(Phaseolus vulgaris)*. a = Übersicht. Die Blüte wird durch Insekten bestäubt. Sie besitzt nur eine Symmetrieebene. b = der Kelch besteht aus 5 Blättern, die zu einem Becher mit 3 längeren und 2 kürzeren Zipfeln verwachsen sind. c = Fahne und d = Flügel werden von freistehenden Kronblättern gebildet, während beim e = Schiffchen 2 Kronblätter verwachsen sind. Die Zahl der Kronblätter beträgt also ebenfalls 5. f = Das Androeceum besteht aus 10 Staubblättern, von denen 9 mit ihren Filamenten verwachsen sind. g = Der Fruchtknoten entwickelt sich zu einer Hülse (s. Abb. 83, Seite 126).

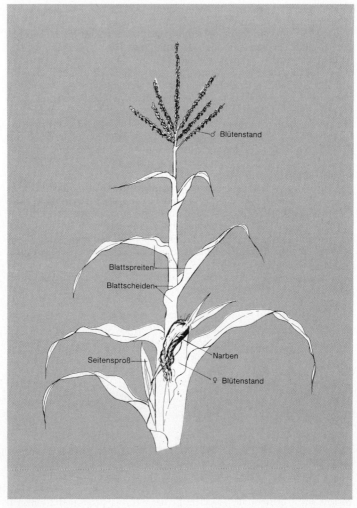

Abb. 79. Blütenstand vom Mais *(Zea mays)*. Die Blüten sind durch Ausfall der Fruchtknoten bzw. Staubblätter eingeschlechtlich geworden. Die ♂ Blüten bilden eine Rispe an der Spitze des Hauptsprosses, die ♀ Blüten einen Kolben in der Achsel der oberen Blätter. Bei beiden ist im Zuge der Windbestäubung das Perianth sehr stark reduziert, die Filamente sind verlängert und die Narben, die den Kolben als Schopf überragen, von extremer Größe.

dort wächst der Pollenschlauch direkt oder auf Umwegen in den Embryosack und entläßt die beiden Spermazellen zur *doppelten Befruchtung:* Die eine verschmilzt mit der Eizelle; damit ist der diploide Zustand wieder hergestellt und die Zygote entstanden, die für die Bildung des Embryos verantwortlich ist. Die andere Spermazelle verschmilzt mit dem sekundären Embryosackkern zum Endospermkern, der triploid ist und aus dem das Endosperm hervorgeht.

1.4.4   Vererbung

Kernteilungen und Kernverschmelzung sind die Mechanismen der Weitergabe und Verteilung der Erbfaktoren. Eine besondere Rolle spielt dabei der Kernphasenwechsel von der diploiden zur haploiden Phase in der Meiose und von der haploiden wieder zur diploiden Phase bei der Befruchtung. Diese Vorgänge seien daher noch einmal unter dem Gesichtspunkt der Vererbung kurz betrachtet.

In einem diploiden Kern ist jedes Chromosom zweimal enthalten; es gibt also jeweils zwei Schwester-Chromosomen (homologe Chromosomen), von denen je eines dem mütterlichen und eines dem väterlichen Erbgut entstammt. Daher ist auch jedes Gen in zwei Ausprägungsformen (Allelen) vorhanden. Sind diese beiden Allele einander völlig gleich, so ist das Genom hinsichtlich dieses Gens homozygot (reinerbig). Bei der Vielzahl von Nucleotiden, die die DNS-Riesenmoleküle bilden, gibt es in vielen Fällen kleine Abweichungen in der Nucleotidsequenz. Häufig ist daher ein diploides Genom für viele Gene heterozygot (mischerbig). Bei der Mitose erhalten beide Tochterzellen sowohl die von der Mutter stammende als auch die vom Vater stammende Chromosomengarnitur und sind dadurch erbgleich. Anders sieht es bei der Meiose aus: Hier erhalten die Gonen einen haploiden Chromosomensatz, der sich wegen der Heterozygotie von dem ebenfalls haploiden Satz der anderen Gonen unterscheidet. Hierbei werden nicht etwa einfach wieder die väterlichen Chromosomen von den mütterlichen getrennt, sondern sie werden regellos verteilt. Die Meiose führt daher zu erbungleichen Zellen und ist verbunden mit einer Neuverteilung (Rekombination) der Erbfaktoren. Die Rekombination erstreckt sich nicht nur auf die Verteilung ganzer Chromosomen, sondern fast regelmäßig kommt es bei der Meiose zu einem reziproken Austausch von Abschnitten zweier homologer Chromosomen bzw. Chromatiden (Crossing over). Dies vergrößert die Rekombinationsrate erheblich.

Bei der **Befruchtung** vereinigen sich der väterliche Satz (Spermazellen) und der mütterliche Satz (Eizelle), wodurch eine Neukombination der Gene stattfindet. Der Zyklus der sexuellen Fortpflanzung ist im Gegensatz zu den rein auf Mitose beruhenden vegetativen Fortpflanzungsformen (s. Seite 139) von eminenter Bedeutung für die Erhaltung und

Verstärkung der genetischen Variabilität und damit der genetischen Reaktionsmöglichkeiten der Pflanze. Die Forderung nach Erhaltung eines reichen Gen-Reservoirs ist daher eine der zahlreichen Forderungen, die an eine moderne Umweltplanung gestellt werden.

In den Fällen, wo sich der Verteilungsmechanismus in einigen wenigen Merkmalen manifestiert, ist er schon vor langer Zeit erkannt worden und in Form mehrerer Regeln beschrieben worden (MENDEL 1860), ehe man die Funktion der Chromosomen (1900) oder gar der DNS (1943) kannte.

Besonders leicht überschaubar ist der Fall, bei dem Pflanzen nur hinsichtlich eines Gens heterozygot sind und dieses eine Gen ein deutlich erkennbares Merkmal kontrolliert. Das ist gegeben bei dem klassischen Fall der weißblütigen und rotblütigen Form der Wunderblume (*Mirabilis jalapa*, Abb. 81). Die rote Form hat zwei Rot-Allele (RR), die weißblütige Form zwei Weiß-Allele (rr), die Gonen enthalten R bzw. r. Nach der Befruchtung entstehen ausschließlich Kerne mit der Kombination Rr. Die erste Filialgeneration (F_1) ist uniform, ihre Blütenfarbe ist intermediär rosa. Damit ist neben den beiden Eltern der Bastard als dritter genetischer Typ (Genotyp) entstanden, der zugleich einen dritten Typ der Merkmalsbildung (Phänotyp) darstellt. Alle Pflanzen der F_1-Generation haben sowohl R-, als auch r-Gonen. Dadurch ergeben sich nach der Befruchtung in der zweiten Filialgeneration (F_2) wieder alle drei Genotypen (und auch Phänotypen). Die Uniformität spaltet also wieder auf, und zwar

$$RR : Rr : rr \text{ wie } 1 : 2 : 1 \ (25\% : 50\% : 25\%).$$

Das angeführte, denkbar einfachste Beispiel umfaßt nur ein Genpaar und ein Merkmalspaar. Für Kombinationen mehrerer Genpaare und mehrerer Merkmalspaare ergeben sich andere, kalkulierbare Zahlenverhältnisse. Da zwischen der Steuerung des Zellstoffwechsels durch die Gene (s. Seite 53) und der endgültigen Ausprägung von Merkmalen viele Entwicklungsschritte liegen, wird oft ein Merkmal von mehreren Genen kontrolliert und ein Gen wirkt sich auf mehrere Merkmale aus. Nicht immer sind die Gene gleich stark merkmalsausprägend, sondern es kann ein Gen (das dominante) in seiner Wirkung das andere Gen (das rezessive) überdecken. So ist bei der Erbse *(Pisum sativum)* Rotblütigkeit dominant. Die Genome der Parental-Generation (P) besitzen RR und rr, deren Gonen R und r. Die F_1 ist zwar mit Rr uniform, aber rotblütig. In der F_2-Generation erfolgt die Aufspaltung in RR, Rr und rr wie 1:2:1. Diesen 3 Genotypen entsprechend aber nur 2 Phänotypen im Verhältnis 3:1, da die RR- und die Rr-Pflanzen rote Blüten tragen. Erwähnt sei noch die **Rückkreuzung** einer F_1-Pflanze mit einem Elter (Abb. 82): Hierbei entstehen 2 Genotypen, nämlich die beiden Ausgangs-Genotypen im Verhältnis 1:1. Der Vorgang der Rückkreuzung

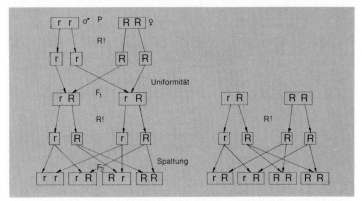

Abb. 81. Links: Erbgang bei Kreuzung zwischen rotblühenden (Allel R) und weißblühenden (Allel r) Formen der Wunderblume *(Mirabilis jalapa)*. P = Parentalgeneration, R! = Reduktionsteilung, F_1/F_2 = Filialgenerationen.

Abb. 82. Rechts: Schema der Rückkreuzung. R! = Reduktionsteilung.

eignet sich also für Vorgänge, bei denen 2 Phänotypen zu je 50 % entstehen sollen. Dies trifft für die Geschlechtsbestimmung zu, die tatsächlich bei Tieren und diözischen Pflanzen in der Regel nach dem Rückkreuzungsschema erfolgt. Bei zwittrigen Pflanzen hingegen wird die Geschlechtsverteilung im Zuge der Blütenbildung durch andere Einflüsse reguliert.

Eine weitere Möglichkeit zur Veränderung des Erbgutes besteht in dem Auftreten von **Mutationen,** die sehr verschiedene Ausmaße haben können: Gen-Mutationen können einzelne Basen in der DNS betreffen (Punkt-Mutationen) oder längere Abschnitte erfassen (Block-Mutationen). Die Mutationsrate ist durch Chemikalien, Strahlung, Temperatur u. a. beeinflußbar. Als Chromosomen-Mutationen können Verluste von End- oder Mittelstücken, Verdoppelungen, Inversionen von Teilstücken oder Translokationen (Austausch von Endstücken nicht homologer Chromosomen) auftreten. Schließlich gibt es Mutationen, die das ganze Genom verändern, Genom-Mutationen: Bei Aneuploiden fehlen einzelne Chromosomen oder sind überzählig; bei Polyploiden ist die Zahl der Chromosomensätze vervielfacht. Polyploidie kann entstehen durch Einwirkung von Außenfaktoren, durch Bastardierung oder durch Endomitose (s. Seite 55). Polyploidie ist bei Pflanzen relativ häufig; manchmal erfaßt sie nicht den ganzen Organismus, sondern nur bestimmte, besonders aktive Gewebe.

Eine Übertragung von Erbfaktoren ist nicht allein an die DNS des Zellkerns gebunden. So besitzen Mitochondrien und Plastiden ihre eigene DNS, die auch Mutationen aufweisen kann.

1.4.5 Fruchtbildung

Die Befruchtung löst neue Wachstumsvorgänge aus, die zur Frucht- und Samenreife führen. Das wird u. a. dadurch bedingt, daß die Pollen große Mengen von Wuchsstoffen enthalten. Als Früchte definiert man die Blüten im Zustand der Samenreife. Zwar geht die Frucht in erster Linie aus dem Fruchtknoten hervor, jedoch können auch andere Teile der Blüte, z. B. die Achse, mehr oder weniger beteiligt sein. Die Form des Gynoeceums ist entscheidend für die Form der Früchte.

In den meisten Fällen wird der Fruchtknoten zur Frucht (Einzelfrüchte, Abb. 83 I). Stehen die Fruchtblätter einzeln, nicht verwachsen, in der Blüte (chorikarpes = apokarpes Gynoeceum), so können folgende Fruchtformen entstehen:

1. Bälge, die sich nur an der Verwachsungsnaht (Bauchnaht) öffnen,
2. Hülsen, die sich sowohl an der Verwachsungsnaht (Bauchnaht) als auch an der Mittelrippe des Fruchtblatts (Rückennaht) öffnen, oder
3. Nüßchen, die nur eine Samenanlage enthalten und geschlossen bleiben. Sind mehrere Fruchtblätter verwachsen (coenokarpes = synkarpes Gynoeceum), sei es nur mit den Rändern (coenoparakarp)

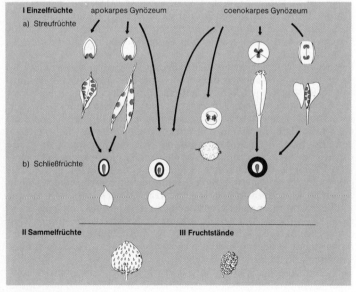

Abb. 83. Wichtigste Fruchtformen.

oder auch mit größeren Flächen (coenosynkarp), so können sich
Früchte mit trockenhäutiger Fruchtwand (Kapseln) oder mit flei-
schiger Fruchtwand (Beeren) bilden. Wird auch hier die Zahl der
reifenden Samen auf 1 reduziert, so bilden sich Schließfrüchte mit
einer harten Wandung (Nüsse) oder Früchte, bei denen die äußeren
Teile der Wand weich, die inneren hart sind (Steinfrüchte). Sind
zahlreiche chorikarpe Fruchtblätter mittels Gewebe der Blütenachse
zu einer Einheit verbunden, spricht man von Sammelfrüchten
(Abb. 83 II stellt als Beispiel die Erdbeere, eine Sammel-Nüßchen-
frucht dar). Bei solchen Früchten, bei denen das Achsengewebe die
Fruchtblätter vollständig einhüllt (z. B. beim Apfel, einer Sammel-
Balgfrucht) spricht man auch von „Scheinfrüchten". Schließlich
kann ein gesamter Blütenstand zu einer einheitlichen Fruchtform
zusammenwachsen und einen Fruchtstand bilden (Abb. 83 III,
Maulbeere als Beispiel).
Bei der Fruchtbildung verändern sich die Gewebe sehr stark: Aus
dem Fruchtblatt gehen die verschiedenen Typen der Fruchtwand
hervor, die Samenanlage wird zum Samen. Dabei entwickeln sich
die Integumente zur Testa, die Nucellarschichten werden weitgehend verbraucht, aus dem Endospermkern entsteht das Endosperm
und aus der Zygote der Embryo.

1.4.6   Verbreitung

Ehe die Samen wieder keimen, werden sie in aller Regel von der Mutterpflanze entfernt, sie werden verbreitet. Als Verbreitungseinheiten (Diasporen) dienen die Samen oder Früchte oder auch ganze Fruchtstände.
(Im vegetativen Bereich können, wie auf Seite 110 erwähnt, Ausläufer,
Brutknollen oder Brutzwiebeln u. a. als Diasporen hinzukommen). Die
Agentien der Verbreitung sind Außenfaktoren oder Organismen. Nur
die Autochoren können eigene Bewegungen ausführen (Schleuderme-
chanismen, hygroskopische Krümmungsbewegungen u. a.). Die Baro-
choren fallen entsprechend der Schwerkraft, die Anemochoren entfer-
nen sich als Schirm- oder Gleitflieger, die Hydrochoren werden von
Regenwasser oder fließendem Wasser verbreitet. Viele Pflanzen werden durch Tiere verschiedener Gruppen transportiert (Zoochore):
Häufig werden Pflanzen mit Beeren- oder Steinfrüchten durch Vögel
und Säugetiere verbreitet; nicht selten ist die Verbreitung von Samen,
die nährstoffreiche Anhängsel (Elaiosomen) besitzen, durch Ameisen
(vgl. auch die Caruncula, Seite 12); durch Anhaften werden Klett-
früchte vertragen. Vielfältig sind schließlich auch die Formen der
absichtlichen und unabsichtlichen Verbreitung durch Menschen
(Anthropochorie). Gelegentlich werden mehrere Transportmechanis-
men miteinander kombiniert.

2   Übrige Pflanzengruppen

Von den etwa 400 000 bisher bekannten lebenden Pflanzenarten gehören weit über die Hälfte, nämlich 250 000 zu den Angiospermen (nur 800 zu den Gymnospermen), während sich etwa 150 000 auf die übrigen Pflanzengruppen verteilen (Tab. 10, Seite 129). Die bloße Artenzahl sagt wenig über die Bedeutung der Gruppe aus, denn die Gymnospermen verkörpern trotz geringer Artenzahl einen wesentlichen Anteil der pflanzlichen Biomasse der Erde, und die Bakterien treten trotz nur doppelt so hoher Artenzahl (1600) in ungeheuren Mengen von Individuen auf. Keine auch nur einführende Beschäftigung mit Botanik kann an diesen Pflanzengruppen vorübergehen, die wichtige Funktionen in der Biosphäre ausüben und die Entstehung der höher organisierten Samenpflanzen verständlich machen.

Alle Pflanzengruppen gemeinsam bilden das Pflanzenreich, das den übrigen Organismen, die das Tierreich bilden, gegenübersteht. Es gibt kein einzelnes, durchgehendes Merkmal, das den Charakter von Pflanzen definieren und damit die Abgrenzung zwischen den beiden Reichen kennzeichnen könnte. Typisch pflanzliche Merkmale wie der Besitz einer festen Cellulose-Zellwand, von Plastiden, einer Zentralvakuole, von Chlorophyll oder von Stärke als Kohlenhydrat-Reservestoff, die Ortsfestigkeit u. a. treffen in vielen, aber eben nicht in allen Fällen zu. Durch die Verwendung zahlreicher Merkmale besteht kein Zweifel, welche der größeren Gruppen (Abteilungen) zum Pflanzenreich und welche zum Tierreich zu zählen sind. Jedoch bei einzelnen kleinen Gruppen von geringer Organisationshöhe, nämlich im Bereich monadaler Organisation, ist ein Anschluß an beide Seiten gleich gut möglich.

Organisationsstufen

Die Fülle der Formen im Pflanzenreich kann, wenn man ein sehr einfaches Schema der Klassifikation zu Grunde legt, in wenige Abteilungen zusammengefaßt werden (Tab. 10). Von ihnen ist, wie schon ausführlich besprochen wurde, die der Spermatophyten die erfolgreichste Abteilung, da sie die höchste Artenzahl, den höchsten Anteil an der Vegetation und die größte Organisationshöhe, nämlich die der Kormophyten, besitzt. Unter Organisationshöhe wird dabei der Grad der Differenzierung verstanden. Dieser kann als Anzahl der nach Struktur und Funktion verschiedenen Zelltypen je Organismus gemessen werden, die von 1 bis nahe 100 reichen kann. In den übrigen Abteilungen sind andere

Tab. 10. Gliederung des Pflanzenreiches und ungefähre Artenzahlen
(nach WEBERLING und SCHWANTES)

Prokaryota		
I. Schizobionta (Spaltpflanzen)		
1. Abt. Bacteriophyta (Bakterien)	1 200–	1 600
2. Abt. Cyanophyta (Cyanobakterien)	1 500–	2 000
Eukaryota		
II. Phycobionta (Algen)		30 000
3. Abt. Euglenophyta	800	
4. Abt. Dinophyta	1 000	
5. Abt. Chlorophyta	11 000	
6. Abt. Chromophyta	13 000	
7. Abt. Rhodophyta	4 000	
III. Mycobionta (Pilze)		37 000
8. Abt. Myxomycota (Schleimpilze)	550	
9. Abt. Eumycota		
1. Kl. Phycomycetes (Algenpilze)	1 500	
2. Kl. Ascomycetes (Schlauchpilze)	20 000	
3. Kl. Basidiomycetes (Ständerpilze)	15 000	
9a. Deuteromycetes (Fungi imperfecti)		20 000
10. Lichenes (Flechten)		20 000
IV. Bryobionta (Moose)		
11. Abt. Bryophyta		26 000
V. Cormobionta (Gefäßpflanzen)		
12. Abt. Pteridophyta (Farngewächse)		12 000
13. Abt. Spermatophyta (Samenpflanzen)		250 800
Unterabt. Gymnospermae (Nacktsamer)	800	
Unterabt. Angiospermae (Bedecktsamer)	250 000	
1. Kl. Dicotyledoneae (Zweikeimblättrige Pflanzen)	190 000	
2. Kl. Monocotyledoneae (Einkeimblättrige Pflanzen)	60 000	
		ca. 400 000

Organisationsformen verwirklicht, wobei einerseits innerhalb einer
Abteilung recht verschiedene Organisationsstufen auftreten können
und andererseits die gleichen Organisationsstufen in verschiedenen Abteilungen immer wieder beobachtet werden können. Es ist daher ange-
bracht, sich zunächst über die Organisationsstufen zu informieren, die
in Tab. 11 aufgeführt sind.

Tab. 11. Organisationsstufen im Pflanzenreich

I. **Protophyta,** einzellige Pflanzen
   A. einzeln lebend
      1. *monadal* („Flagellaten"), Zellen mit Geißel (9 + 2 Fibrillen), nackt, Stigma (Augenfleck), pulsierende Vakuolen
      2. *capsal,* Zellen unbeweglich, nackt, von Schleim umgeben
      3. *coccal,* Zellen unbeweglich, mit Wand
      4. *rhizopodial,* Zellen nackt, amöboid beweglich
   B. nicht oder nur zeitweise einzeln lebend
      5. *Coenobien,* unbewegliche Einzelzellen liegen in größeren Verbänden zusammen
      6. *Plasmodien,* nackte Zellen verschmelzen zu vielkernigen Plasmamassen
      7. *Pseudoplasmodien,* nackte Einzelzellen lagern sich zusammen, ohne zu verschmelzen

II. **Thallophyta,** vielzellige (oder vielkernige) Pflanzen, meist noch ohne echte Gewebe
   A. Übergangsformen
      8. *Aggregationsverbände,* monadale, gleichwertige Einzelzellen treten zeitweise zu mehrzelligen Thalli zusammen
      9. *Zellkolonien,* ähnlich wie 8., aber Einzelzellen ungleichwertig (Arbeitsteilung)
   B. trichale Organisation (fädig-flächig)
      10. *homotrich:* alle Fäden gleich; z.T. flächig verwachsen
      11. *heterotrich:* Fäden unterschiedlich
      12. *polarisierte Fäden:* Basis und Spitze unterschiedlich
      13. *differenzierte Fäden:* Zellen des Fadens unterschiedlich
   C. vielkernige Organisation
      14. *siphonokladal:* Thalli mit großen mehrkernigen Abschnitten („Zellen")
      15. *siphonal:* Thallus vielkernig, ungegliedert (schlauchförmig)
   D. unechte oder echte Gewebe
      16. *Pseudoparenchyme:* unechte Gewebe, entstanden durch kompakte Verwachsung von Fäden
      17. *Plectenchyme:* unechte Gewebe, entstanden durch Verflechtung und teilweise Verwachsung von Fäden
      18. *Parenchyme:* echte Gewebe, von Meristemen gebildet (bei Thallophyten sehr selten)

III. **Bryophyta,** echte Gewebe, teils thallöse Organisation, teils Gliederung in Stämmchen, Blättchen und Rhizoiden

IV. **Cormophyta,** echte Gewebe, Gliederung in Blatt, Sproßachse und Wurzel

2.1   Prokaryoten

2.1.1   Bacteriophyta, Bakterien

Die einfachsten pflanzlichen Organismen sind die Bakterien. Sie sind sehr klein und stets einzellig. Es handelt sich um runde Zellen (Kokken), stäbchenförmige (Bazillen), gebogene (Vibrionen) oder gedrehte (Spirillen) von meist 1–2 μm Breite (kleinste Kokken bis herab zu 0,2 μm). Bei den Actinomyceten, deren deutscher Name Strahlenpilze lautet, die jedoch zu den Bakterien gehören, kommen sehr lang gestreckte, verzweigte, aber doch nur 1 μm breite Zellen vor. Bei den Fadenbakterien bleiben zahlreiche Zellen in einer Schleimscheide hintereinander liegen und bilden fädige Coenobien. Bei den Schleimbakterien bilden sich Anhäufungen wandloser Zellen (Pseudoplasmodien) mit charakteristischen Strukturen.

Die meisten Bakterien (Abb. 84) besitzen eine feste Zellwand aus Murein. In ihr sind Aminozucker mit Peptiden und anderen Stoffen netzartig verbunden; es bestehen also keine fibrillären Strukturen, und fast nie tritt Cellulose auf. Manchmal sind die Zellen von Hüllen aus Schleim (Polysaccharide und Polypeptide) umgeben. Die Oberfläche des Protoplasten wird durch eine Membran abgegrenzt, jedoch gibt es keine Zentralvakuole, keine Entsprechung für den Tonoplasten, keine echten Mitochondrien, keine Plastiden. Es gibt auch keinen echten Zellkern: Die DNS-haltigen Bereiche (Kernäquivalente) sind nicht durch eine Doppelmembran abgegrenzt. Die Gene sind nicht schraubig in Chromosomen, sondern linear in einem ringförmigen Lineom angeordnet.

Abb. 84. Schematischer Schnitt durch eine Bakterienzelle (in Anlehnung an SCHLEGEL).

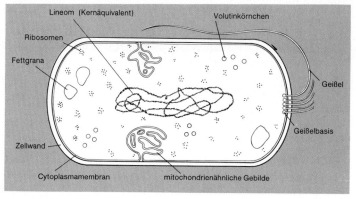

Als Reservestoff tritt u. a. Glykogen häufig auf, das als polymeres α-1,4-Glucosid der Stärke ähnelt, jedoch kleinere, stärker verzweigte Moleküle besitzt und wasserlöslich ist.
Viele Bakterien sind durch zarte Plasmageißeln beweglich. Die Geißeln sind mit einem Basalkorn im Cytoplasma verankert, bestehen aus miteinander verdrillten Längsfibrillen und sind einzeln, schopfartig oder über die ganze Zelle verteilt angeordnet. Die Fortpflanzung erfolgt in der Regel vegetativ durch Zweiteilung, die bei gestreckten Zellen senkrecht zur Längsachse verläuft. Der Vorgang wird als Spaltung bezeichnet. Zwar kann genetisches Material von einer Bakterienzelle zur anderen entweder direkt oder durch Bakteriophagen (s. Seite 135) übertragen werden, jedoch gibt es keine echte sexuelle Fortpflanzung. Bestimmte Gattungen bilden derbwandige Dauerzellen (Sporen) zur Überdauerung ungünstiger Zeiten, die extrem resistent gegen Außenfaktoren sind und z.T. mehrere Stunden $+100\,°C$ oder mehrere Tage $-270\,°C$ aushalten. So kann es maximal 2 Zellsorten geben.
Bakterien zeigen eine extreme Vielfalt der Ernährungsformen. Durch spezielle physiologische Leistungen sind sie im Naturhaushalt an vielen Stellen unersetzlich. Eine Reihe von Arten kann autotroph leben, wobei einige Lichtenergie zur Assimilation von CO_2 benutzen, also photoautotroph leben. Diese, die photosynthetischen Bakterien, besitzen besondere Bacteriochlorophylle (und Carotinoide), die auf zu Stapeln angeordneten Thylakoiden lokalisiert sind. Die photoautotrophen Bakterien leben in sauerstofffreier (anaerober) Umgebung. Hier stehen ihnen H-Quellen wie H_2 oder H_2S zur Verfügung, die in aerober Umgebung nicht auftreten, da sie dort sofort oxidiert würden. Werden H_2, H_2S und andere Substanzen als Quelle von Wasserstoff bzw. Elektronen für die Photosynthese ausgenutzt, so entfällt das Wasser als Elektronen-Quelle. Es gibt keine Wasserspaltung und damit auch keine 2. Lichtreaktion und keine O_2-Produktion bei der Photosynthese (vgl. hierzu Seite 89).
Eine Reihe von Bakterien lebt zwar ebenfalls autotroph, aber nicht photo- sondern chemoautotroph. Diese Arten vermögen aus exergonischen Reaktionen anorganischer Substanzen Energie zu gewinnen, die für die Assimilation von CO_2 verwendet werden kann (**Chemosynthese**). Diese Prozesse sind bei weitem nicht so effektiv wie die Photosynthese, aber sie ermöglichen ein autotrophes Dasein und spielen eine wichtige Rolle in den Stoffkreisläufen der Natur, z. B. bei der Mineralisierung von N und S. Beispiele solcher Umsetzungen sind in Tab. 12 auf Seite 133 aufgeführt. Chemoautothrophie kommt nur bei Bakterien vor.
Der größte Teil der Bakterien lebt heterotroph, d. h. sie benötigen organische Substanzen als C-Quelle. Alle drei Gruppen der **Heterotrophie** sind vertreten: Außerhalb lebender Zellen bzw. Organismen leben die Saprophyten, die sehr wesentlich am Abbau organischer Substanzen in der Natur (besonders an der Fäulnis) beteiligt sind und eine Reihe von Gärungsprozessen durchführen. In lebenden Zellen gedeihen Parasiten,

Tab. 12. Wichtige Umsetzungen chemoautotropher Bakterien

$2 H_2S + O_2 \longrightarrow$	$2 H_2O + 2 S + 118$ kcal	Sulfidoxidation
$2 S + 2 H_2O + 3 O_2 \rightarrow$	$2 H_2SO_4 + 286$ kcal	Sulfatbildung
$2 NH_3 + 3 O_2 \longrightarrow$	$2 HNO_2 + H_2O + 158$ kcal	Nitritbildung
$2 HNO_2 + O_2 \longrightarrow$	$2 HNO_3 + 36$ kcal	Nitratbildung (Nitrifikation)
$Fe^{++} \longrightarrow$	$Fe^{+++} + e^- + 16$ kcal	Eisenoxidation
$2 H_2 + O_2 \longrightarrow$	$2 H_2O + 114$ kcal	Wasserstoffoxidation

unter denen sich bei den Bakterien bekanntlich zahlreiche pathogene Arten befinden. Eine Reihe von Arten lebt symbiontisch.

Besitzen einige Arten das Enzym zum Umsatz von H_2 (s. oben), so kommt bei einer Reihe auch das Enzym zum Umsatz von N_2 vor, was ebenfalls für den Naturhaushalt sehr wichtig ist. Denn die Stickstoff-binder, die N_2 unter Reduktion in organische Substanzen einbauen können, vermögen das ungeheure Reservoir an Stickstoff, das in der Atmosphäre vorliegt, auszunutzen. Stickstoffbindung kommt nur bei einigen Bakterien und Cyanophyceen vor.

2.1.2 Cyanophyta, Cyanobakterien

Die Cyanobakterien (= Blaualgen) mit der Klasse der Cyanophyceae sind einzellige oder fädige Organismen ohne Geißeln mit spezifischer Organisation (Abb. 85): Die mehrschichtige Wand aus Pektin und z. T. Cellulose geht nach außen in eine breite Schleimhülle über. Innen findet sich eine Stützlamelle mit Murein. Das Protoplasma enthält vorwiegend in den äußeren Teilen (Chromatoplasma) große Thyla-koide, die die Photosynthesepigmente Chlorophyll a und Carotinoide und das rote Phycoerythin sowie das blaue Phycocyanin (deren Farb-töne für die Färbung der Organismen verantwortlich sind) tragen, sowie Speichersubstanzen in Form von Cyanophycinkörnchen (glyko-genartige Cyanophyceenstärke). Der innere Teil des Protoplasmas (Centroplasma) enthält u. a. phosphatreiche Volutingranula und ins-besondere die DNS-haltigen Strukturen, die in ihrer Gesamtheit das Kernäquivalent bilden. Die Vermehrung geschieht vegetativ durch Zweiteilung (Spaltung).

Die Cyanophyceen sind photoautotroph und betreiben eine normale Photosynthese mit 2 Lichtreaktionen, Wasserspaltung und O_2-Bildung. Manche leben als Flechtenbildner (s. Seite 147) symbiontisch mit be-stimmten Pilzen. Einige von ihnen haben die Fähigkeit zur N_2-Bindung. Auf der Basis der Cyanophyceen-Zelle hat sich außer der coccalen be-sonders die trichale Organisation entwickelt, z. T. homotrich, z. T. aber

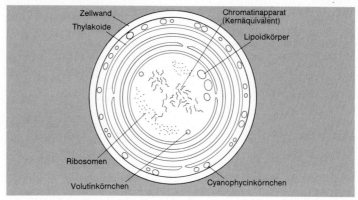

Abb. 85. Schematischer Querschnitt durch eine Cyanophyceen-Zelle.

auch heterotrich oder mit polarisierten und differenzierten Fäden, ja es gibt Andeutungen pseudoparenchymatischer Organisation. In differenzierten Fäden treten 3 deutlich verschiedene Zellformen auf: Die normalen Zellen, die Dauerzellen (Cysten) mit Speichersubstanzen und derber Wand und die Zellen für die N_2-Bindung (Heterocysten). Einige Arten bilden spezialisierte Vermehrungszellen, Sporen, aus. Die sporenbildenden Zellen (Sporangien) stehen endständig an kurzen Fäden. Da die Sporen innerhalb der Sporangien gebildet werden, sind sie ihrer Entstehung nach Endosporen.

In mancher Hinsicht sind die Cyanophyceen mit den Bakterien vergleichbar: Sie haben keinen echten Zellkern, keine Plastiden, keine echten Mitochondrien, keine Zentralvakuole und führen keine Mitosen aus. Neben diesen negativen Gemeinsamkeiten gibt es auch positive Beziehungen wie u. a. das Vorkommen von Murein und die N_2-Bindung. Gänzlich verschieden ist der Zellbau, auch die Zellspaltung beider Gruppen ist nicht identisch, unterschiedlich ist die Ernährungsform. Da jedoch die Unterschiede zu allen übrigen Organismen noch stärker sind, kann man doch an eine lockere Verwandtschaft der beiden Gruppen denken. So faßt man sie systematisch wegen ihrer Zellspaltung als Schizobionta (Spaltpflanzen), morphologisch wegen des Fehlens eines echten Zellkerns als Prokaryoten zusammen. Dem werden alle übrigen pflanzlichen Organismen als Eukaryoten gegenübergestellt (und auch alle Tiere sind eukaryotisch organisiert).

2.1.3   Entstehung der einfachsten Pflanzengruppen

Die Frage nach der Verwandtschaft wirft zugleich die Frage nach der Entstehung dieser Gruppen und, da es sich um die primitivsten Abteilungen handelt, auch nach der Entstehung der lebenden Organismen auf. Kennt man Vorstufen zu der Organisation der Schizophyten? Kleiner als die Bakterien sind die **Viren** und **Bakteriophagen.** Viren bestehen aus einem Nucleinsäurefaden, der von einer Proteinhülle umgeben ist. Bei den pflanzenpathogenen Viren handelt es sich um RNS, bei den übrigen Viren um DNS. Infizieren Viren eine Pflanzenzelle, so veranlassen sie die Wirtszelle, Virus-RNS zu produzieren. Sie sind im Aufbau wie in der Größe (rund 0,02 μm Durchmesser bei 0,3 μm Länge) einem Gen, und damit nicht einer ganzen, sondern nur einem winzigen Teil einer Zelle vergleichbar.

Ähnliches gilt für Bakteriophagen. Sie sind etwas komplizierter gebaut, da sie einen Kopfteil (0,05–0,1 μm) und einen Schwanzteil besitzen. Im Kopf befindet sich DNS (oder gelegentlich RNS), die nach Anheftung des hohlen Schwanzteiles an die Wand einer Bakterienzelle in diese Zelle abgegeben wird. Die Bakterienzelle produziert daraufhin die Nucleinsäure und das Hüllprotein des Bakteriophagen anstelle ihrer körpereigenen Substanz. Die Phagen enthalten also das in Bakterien funktionierende Gen für den Prozeß „Phagensynthese". Die neugebildeten Phagen können Gene des Bakterien-Lineoms enthalten und diese auf weitere Bakterienzellen übertragen. Diesen Vorgang bezeichnet man als Transduktion. Da Phagen gewissermaßen selbständige, in verschiedenen Zellen vermehrbare Gene darstellen, sind sie ideale Experimentierobjekte und haben wichtigste Einblicke in die molekulare Genetik eröffnet. Als Vorstufen für Zellen (Bakterien- oder Cyanophyceen-Zellen) kommen allerdings weder Phagen noch Viren in Frage, da sie ja das Vorhandensein ganzer Zellen bereits voraussetzen. Die Frage der Entstehung der Bakterien führt also zur Frage der Entstehung des Lebens.

Der Begriff **Leben** hat verschiedene Definitionen gefunden. Oft werden eine definierte Gestalt, ein Stoffwechsel, identische Reduplikation und Reizbarkeit (Irritabilität) als Merkmale genannt, die gemeinsam nur bei lebenden Organismen auftreten. Alle diese Merkmale sind Funktionen der kompliziert und spezifisch gebauten Makromoleküle. Zusammenfassend kann man daher diese als Grundlage der Definition benutzen und sagen: Lebende Organismen vermögen einen Zustand sehr hoher Ordnung in einer Umgebung von geringerer Komplexität zu erhalten und zu vermehren. Viren und Phagen zeigen zwar Gestalt und Stoffwechsel, können jedoch nur in einer Umgebung von höherer Komplexität vermehrt werden. Sie sind keine vollständigen Organismen und genügen der Definition des Lebens nicht.

Die kleinste funktionelle Einheit des Lebens ist immer eine Zelle und sei es die kleinste Bakterienzelle. Die Frage nach der Entstehung des Lebens reduziert sich damit auf die Frage nach der Entstehung der zellulären Organisation. Bei Versuchen, die man mit elektrischen Entladungen in einer hypothetischen Uratmosphäre der Erde (aus NH_3, N_2, H_2O, CH_4 u. a.) gemacht hat, entstanden rasch eine ganze Reihe von organischen

Verbindungen: Aminosäuren, organische Säuren, und unter anorganischen Verbindungen z.B. Polyphosphate, die ja bei Schizophyten als Speichersubstanzen auftreten. Etwas später bildeten sich in den Versuchen Nucleinsäuren, Porphyrine, Eiweiße und Lipoidfilme, die eine Trennung in unterschiedliche Reaktionsbereiche (Kompartimente) hervorrufen. Alle diese Substanzen dürften sich im Verlaufe der Vorgeschichte des Lebens gebildet haben. Die mit diesen Substanzen verbundenen Funktionen: identische Reduplikation, photochemische Vorgänge, enzymatische Katalyse und Kompartimentierung sind gemeinsame Eigenschaften aller Lebewesen und sind ein starker Hinweis darauf, daß alle Organismen einen gemeinsamen Ursprung haben. Die Substanzen konnten sich anreichern, da es noch keine abbauenden Organismen gab, und ihre Funktionen bereits ausüben, ehe es Zellen gab. Nimmt man das Alter der Erde mit $4,5 \cdot 10^9$ Jahren an, so wird für älteste fossile Zellen ein Alter von mindestens $3,5 \cdot 10^9$ Jahren vermutet. Schon relativ bald scheinen alle 3 Zellformen nebeneinander bestanden zu haben: die Bakterienzelle, die Cyanophyceen-Zelle und die monadale Eukaryotenzelle, aus der sich die übrigen Pflanzen und Tiere entwickelt haben.

2.2   Algen, Pilze und Flechten

Sind einerseits die ältesten Eukaryoten wohl nahezu ebenso alt wie die ältesten Bacteriophyta und Cyanophyta und besitzen andererseits alle Organismen vermutlich einen gemeinsamen Ursprung, so läßt sich dennoch kaum etwas über die Art der verwandtschaftlichen Beziehungen zwischen diesen drei Gruppen sagen. Die eukaryotische Organisation hat sich jedenfalls als besonders erfolgreich bewiesen, da Eukaryoten sowohl auf dem Land (Samenpflanzen) als auch im Wasser (Algen) das Bild der Vegetation fast vollständig bestimmen. Von ihnen umfassen die Abteilungen der Algen und Pilze sowohl primitive als auch stark spezialisierte Formen, die Abteilung der Flechten wird von Vertretern der Algen (samt Cyanophyceen) und der Pilze gemeinsam gebildet, und die Abteilungen der Moose, Farn- und Samenpflanzen enthalten nur noch hoch entwickelte, spezialisierte Gruppen desjenigen Astes am Stammbaum, der zu Bildung der Spermatophyten geführt hat.

2.2.1   Phycobionta, Algen

Algen sind photoautotrophe Organismen, ein- oder mehrzellig (Protophyten oder Thallophyten) und zumeist Wasserpflanzen. Ihr Zellbau gleicht weitgehend dem grundsätzlichen Bau der Zellen von Gefäßpflanzen (s. Seite 149 ff.). Außer Arten mit einfachen, nackten, nur von einer plasmatischen Hülle (Pellicula) begrenzten Zellen besitzen die meisten Algen eine Cellulosewand. Der Protoplast enthält einen echten

Zellkern, Plastiden und Mitochondrien. Bei einfachen Formen ist ein einzelner, großer Chloroplast je Zelle vorhanden, der komplizierte Formen annehmen kann oder bei weiteren Gruppen in viele einzelne Chloroplasten aufgelöst ist. Die Thylakoide sind in den Chloroplasten unterschiedlich stark gestapelt; die Bildung der für Kormophyten typischen Grana (s. Seite 82) ist selten. Die Chloroplasten der meisten Algen enthalten Pyrenoide, die als Zentren der Stärke- und Fettbildung gelten und in einem Einzelfall auch noch bei den (Leber-)Moosen auftreten.

Die Grundform wahrscheinlich aller Algen ist die monadale Organisation. Sie tritt bei fast allen Algengruppen (ebenso bei Pilzen, Moosen, Farnpflanzen) wenigstens in bestimmten Stadien auf: In Form von Zoosporen und der Gameten oder zumindest des ♂ Gameten. Sie verbindet ohne klare Trennungslinie die Protophyten mit den Protozoen und ist

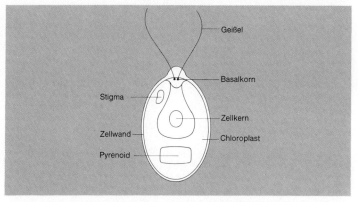

Abb. 86. Schema einer Alge mit monadaler Organisation.

auch fossil besonders früh belegt. Auffälligstes Kennzeichen (Abb. 86) ist die Geißel (eine oder mehrere), deren Bau aus 11 Fibrillen (2 zentralen und 9 peripheren) bei allen Gruppen einheitlich ist. Sie ist mit einem Basalkorn im Cytoplasma verankert. Monadale Zellen führen mit Hilfe ihrer Geißeln gerichtete, freie Ortsbewegungen (Taxien) aus, deren Richtung z. B. durch das Licht (Phototaxis) oder durch den Konzentrationsgradienten chemischer Substanzen (Chemotaxis) bestimmt sein kann. Bei der Phototaxis spielt der in der Nähe des Basalkorns gelegene, durch Carotinoide rot gefärbte Augenfleck (Stigma) eine wichtige Rolle, da er durch Schattenwurf auf die Geißelbasis die Geißeltätigkeit und damit die Bewegungsrichtung der Zelle zum Licht hin beeinflußt.

Die unbeweglichen Organisationsformen (capsal, coccal) sind nicht selten deutlich aus der monadalen Form ableitbar. Die Algen zeigen eine

Schema			
Kennzeichnung des Organismus	reiner Haplont	Diplohaplont	reiner Diplont
Kernphasenwechsel	zygotisch (nur die Zygote ist diploid)	intermediär	gametisch (nur die Gameten sind haploid)
Generationswechsel		vorhanden a) isomorph (ohne Gestaltwechsel) b) heteromorph (mit Gestaltwechsel)	
Vorkommen	einige Algen und niedere Pilze	a) selten (einige siphonale Grünalgen) b) Normalfall: die meisten Algen, Pilze, alle Moose, Farne, Samenpflanzen	einige Algen (Diatomeae, siphonale Grünalgen, höhere Braunalgen)

sexuelle Fortpflanzung. Darunter versteht man die Verschmelzung (Kopulation) zweier geschlechtsverschiedener Zellen (Gameten) samt ihren Zellkernen, deren Bildung eine Meiose vorausgegangen ist und die daher haploid sind, zu einem diploiden Kopulationsprodukt, der Zygote. Schon einzellige Algen führen folgenden einfachsten Zyklus durch (vgl. Abb. 87): Eine vegetative Zelle bildet Gameten (fungiert als Gametangium). Zwei verschiedene Gameten kopulieren zur Zygote. Die diploide Zygote wird zum Sporangium und bildet unter Meiose Sporen, die als Glieder des sexuellen Zyklus Meiosporen (= Gonosporen oder Gonen) heißen. Meist sind es bewegliche, begeißelte Zellen, (Gono-)Zoosporen. Auch die Gameten sind häufig monadal organisiert. Im einfachsten Fall sind sie äußerlich nicht unterscheidbar, nur geschlechtsverschieden (+Gameten und −Gameten); dann bezeichnet man ihre Kopulation als Isogamie. Ist der ♂ Gamet kleiner, der ♀ größer, spricht man von Anisogamie. Bei der häufigsten Form, der Oogamie, ist der ♀ Gamet unbeweglich geworden (Eizelle) und wird von dem beweglichen ♂ Gameten (Spermatozoid) aufgesucht. Neben der sexuellen Fortpflanzung gibt es die Bildung von asexuellen, durch Mitose entstehenden Sporen (Mitosporen), die ebenfalls meist beweglich sind, also Mitozoosporen (Schwärmer) darstellen. Auf diese Weise kommt eine vegetative Fortpflanzung zustande.

Die sexuelle Fortpflanzung ist notwendigerweise verbunden mit einem regelmäßigen Wechsel von haploider und diploider Kernphase. Das oben angeführte, einfachste Schema ist dadurch gekennzeichnet, daß nur die Zygote diploid ist (zygotischer Kernphasenwechsel), da sie direkt zum Sporangium wird und unter meiotischer Bildung von Gonozoosporen auskeimt. Der gesamte Organismus ist sonst stets haploid, man bezeichnet ihn als Haplonten. Schon dieses Schema setzt 9 verschieden Zellsorten voraus (vegetative Zelle, Gametangium, ♀ Gamet, ♂ Gamet, Zygote, Gonosporangium, Gonospore, Mitosporangium, Mitospore), von denen allerdings einige identisch sein können. Bei höher entwickelten Formen wird das Schema bei gleichem Grundprinzip abgewandelt (Abb. 87): 1. Die Meiose wird von der Zygote um eine oder einige Zellteilungen verschoben; 2. die Meiose wird bis zur Bildung von Gameten verschoben. Wird 1. die Meiose um eine oder einige Zellteilungen verschoben, so bildet sich aus der Zygote zunächst ein diploider Organismus (Sporophyt), der die Sporangien bildet, in denen unter Reduktionsteilung die Gonosporen entstehen. Aus den Sporen entsteht der haploide, Gameten bildende Organismus (Gametophyt). Hierbei wechselt eine diploide Generation ab mit einer haploiden, es

Abb. 87. Schema der Entwicklungsgänge bei Pflanzen. Einfache Linien = haploide Kernphase; doppelte Linien = diploide Kernphase; R! = Reduktionsteilung.

Tab. 13. Wichtigste Merkmale der Algenabteilungen

	Euglenophyta	Dinophyta	Chlorophyta	Chromophyta ohne Phaeophyceae	Chromophyta: Phaeophyceae	Rhodophyta
Chlorophyll	a, b	a, c	a, b	a, c, e	a, c	a, d
Phycobiline	–	–	–	–	–	+
Carotine	β	β	α,β	β	β	α,β
Kohlenhydrat-Reservestoffe	Paramylum	Stärke	Stärke	Chrysolaminarin	Laminarin	Florideenstärke
Begeißelung	2 ungleich (oft scheinbar 1)	2 ungleich	2 oder 4 gleich	2 ungleich	2 ungleich seitlich	–
Organisationsstufen:						
Gewebedifferenzierung	–	–	×	–	×	×
pseudoparenchymatisch/plectenchymatisch	–	–	–	–	×	×
heterotrich	–	–	×	×	–	×
siphonal	–	–	×	×	–	–
homotrich	–	(×)	×	×	×	×
coccal	–	×	×	×	–	×
capsal	(×)	×	×	×	–	×
monadal	×	×	×	×	–	–
überwiegendes Vorkommen	Süßwasser	Meerwasser	Süßwasser	Meer-, Brack- u. Süßwasser	kältere Meere	Meerwasser
Artenzahl	800	1000	11000	11500	1500	4000

handelt sich also um einen Generationswechsel. Man bezeichnet den Gesamtorganismus als Diplohaplonten und den Kernphasenwechsel als intermediär. Bei Algen sind manchmal beide Generationen von gleicher Gestalt (isomorpher Generationswechsel), meist sind jedoch Sporophyt und Gametophyt verschieden gestaltet, so daß sie nicht ohne weiteres als zusammengehörig erkannt werden können (heteromorpher Generationswechsel). Wird 2. die Meiose bis zur Bildung von Gameten verschoben, so sind nur die Gameten haploid, der Kernphasenwechsel ist gametisch und der Organismus ein Diplont, da es keine haploide Generation gibt. Reine Diplonten und reine Haplonten kommen fast nur bei Algen und manchen Pilzen vor.

Trotz vieler Gemeinsamkeiten haben sich bei den Algen mehrere scharf unterschiedliche Gruppen entwickelt. In ihnen hat sich immer wieder eine parallele Höherentwicklung der Organisation abgespielt, bei der unterschiedliche Endstufen erreicht wurden. Die einzelnen Abteilungen (s. Tab. 10, Seite 129) lassen sich am besten durch biochemische Merkmale, nämlich Farbstoffe und Reservestoffe definieren (Tab. 13).

Die **Euglenophyta** sind monadal organisiert, selten capsal mit rudimentärer Geißel. Einige Arten sind chlorophyllfrei und leben saprophytisch. Sie dokumentieren die hier unscharfe Grenze zum Tierreich. Ihr Kohlenhydrat-Reservestoff ist Paramylum, das nicht der Stärkegruppe zugehört, da in ihm die Glucosen in β-1,3-Bindung verknüpft sind.

Die **Dinophyta** besitzen neben Chlorophyll a nur bei Algen vorkommendes Chlorophyll c. Sie sind ebenfalls meist monadal organisiert (selten bis trichal) und bilden einen wesentlichen Teil des marinen Plankton. Die Differenzierung konzentriert sich hier auf die immer komplizertere Ausgestaltung der Einzelzellen, die z. B. in vielen Fällen mit einem Panzer aus Celluloseplatten versehen wird.

Die **Chlorophyta** (**Grünalgen**) fallen dadurch auf, daß sie wie die Moose, Farn- und Samenpflanzen Chlorophyll a und b, α- und β-Carotine und Stärke enthalten. Neben anderen ist dies eine der Begründungen dafür, daß man die Entstehung der höheren Formen aus dem Bereich der Chlorophyceen annimmt. Bei ihnen treten nahezu alle Organisationsstufen auf von zahlreichen monadalen Formen bis zu den Armleuchteralgen, die mit einer Scheitelzelle wachsen und damit echte Gewebe bilden. Hervorzuheben sind die sonst seltenen Organisationsformen der Aggregationsverbände, der Zellkolonien sowie der siphonokladalen und siphonalen Formen. Bei den Aggregationsverbänden treten monadal organisierte Zellen zeitweise zu mehrzelligen Gebilden zusammen, die schon komplizierte Formen annehmen können. Noch etwas weiter in Richtung auf einen mehrzelligen Organismus geht die Zellkolonie: Zellen bleiben in dauernder plasmatischer Verbindung und bilden eine wohldefinierte Gestalt (Kugel). Die Einzelzellen geben etwas von ihrer Totipotenz zu Gunsten einer Arbeitsteilung auf: Ein Teil der im Inneren gelegenen Zellen bildet Eizellen bzw. Spermatozoiden, die übrigen Zellen dienen der Ernährung und der Bewegung; sie sterben ab, ohne sich vermehrt zu haben. Da auch cytologische Merkmale je nach der Position der Zelle in der Kugel verschieden sein können, liegt hier schon ein Thallus vor, dessen Zellen aber nur sehr locker miteinander verbunden sind. Bei der siphonalen Organisation bestehen keine Querwände (außer bei Sporangien- und Gametangienbildung), sondern es gibt einen einheitlichen, riesigen Protoplasten mit einer Vielzahl von Kernen. Bei der siphonokladalen Organisation werden nur wenige Querwände, deren Bildung nicht mit den Kernteilungen gekoppelt ist, eingezogen, so daß die Alge in mehrere mehrkernige Abschnitte gegliedert wird. Die siphonalen Organismen sind in der Regel Diplonten (nur ihre Gameten sind haploid), und gerade sie bilden einige der größten und am stärksten differenzierten Thalli der Chlorophyceen.

Die **Chromophyta** besitzen ebenfalls weitere Algen-Chlorophylle (c, d, e). Mit Ausnahme der Phaeophyceae (s. unten) zeigen sie überwiegend einzellige Organisationsstufen (capsal, coccal, Coenobien), seltener sind sie trichal und enthalten als Speicher-Kohlenhydrat das zur Paramylum-Gruppe gehörende Chrysolominarin. Zu ihnen gehören insbesondere die sehr artenreichen, meist unbeweglichen Diatomeen, die durch sehr komplizierte Kieselschalen ausgezeichnet sind. Die Meiose erfolgt hier bei der Gametenbildung, so daß es sich um reine Diplonten handelt.

Die marinen **Phaeophyceen** (**Braunalgen**) sind mindestens trichal organisiert, und die monadalen Fortpflanzungszellen erinnern an ihre Herkunft. Als Reserve-Kohlenhydrat tritt das Laminarin auf, das zur Paramylum-Gruppe gehört. Daneben finden sich in großen Mengen andere polymere Substanzen wie Schleime und Algin, das eine erhebliche technologische Bedeutung besitzt. Die Phaeophyceen weisen einen isomorphen oder heteromorphen Generationswechsel auf. Bei den höher entwickelten Formen wird der Gametophyt immer stärker reduziert. Bei manchen Tangen ist er vollständig zurückgebildet, so daß sie als reine Diplonten auftreten. Diese zeigen wie die Sporophyten anderer Formen eine ungewöhnlich reiche Differenzierung in blattartige Teile (Phylloid), stengelartige (Cauloid) und wurzelartige Teile (Rhizoid) ihrer bis zu mehreren m langen Thalli. Sie sind dabei in mehrere Gewebeschichten gegliedert. Da das Wachstum in diesen Fällen durch bestimmte teilungsaktive Zellen im Thallus (interkalar) oder an dessen Spitze (Scheitelzellen) erfolgt, kann man auch hier schon von echten Geweben sprechen.

Die **Rhodophyta** (**Rotalgen**) sind ebenfalls meist marine Formen. Sie weichen von allen übrigen Algen dadurch ab, daß es bei ihnen keinerlei monadale Zellen gibt. Das Kohlenhydrat-Reserveprodukt gehört der Stärkegruppe an (Florideenstärke). Neben einzelligen Arten treten auch bei den Rotalgen schon sehr hoch organisierte, mehrere Meter lange Thalli auf, die plektenchymatisch organisiert sind. Für ihren Entwicklungsgang ist typisch, daß aus der Zygote ein Sporophyt gebildet wird, der nur mitotische Sporen produziert, die zu einem weiteren Sporophyten auskeimen, der dann die Gonosporen bildet. Daher folgen hier 3 Generationen, eine haploide und zwei diploide, aufeinander.

Die Algen spielen in der Natur eine sehr wesentliche Rolle. Als wichtigste Primärproduzenten der Gewässerökosysteme speisen sie die limnischen und marinen Nahrungsketten, die vom Menschen in zunehmendem Maße genutzt werden. Manche einzelligen Formen spielen auf Grund ihres raschen Wachstums schon heute eine gewisse Rolle bei der Nahrungs- bzw. Futterproduktion durch Algen-Massenkulturen.

2.2.2 Mycobionta, Pilze

Pilze sind heterotrophe Proto- oder Thallophyten. Sie besitzen keine Plastiden, sind daher auch nicht grün gefärbt. Ihre Zellwände enthalten meistens Chitin, ein polymeres Kohlenhydrat, dessen Grundbaustein N-haltig ist (N-acetyl-amino-glucose); Cellulose ist selten. Sie sind Saprophyten, Parasiten oder Symbionten. Ihre außerordentlich große Artenzahl dürfte im Zusammenhang mit der Evolution ihrer zahlreichen Wirtspflanzen bzw. Wirtstiere entstanden sein. Häufig sind sie nicht nur für C heterotroph, sondern auch für bestimmte organische Verbindungen. Ihre Organisationsformen gleichen weitgehend denen der Algen, wobei farblose monadale Formen als Ausgangspunkt anzusehen sind. Häufig ist die trichale Organisation, wobei der einzelne Pilzfaden als Hyphe, die Gesamtheit der Hyphen als Myzel (Mycelium) bezeichnet wird. Querwandlose (unseptierte), vielkernige Hyphen entsprechen der siphonalen Organisationsform. Bei den höher entwickelten Gruppen sind die Hyphen zu Plectenchymen verflochten. Einige Gruppen, insbesondere solche mit Cellulosewänden, sind vermutlich nicht aus farblosen monadalen Vorläufern, sondern aus bestimmten Algen durch Verlust der autotrophen Lebensweise abzuleiten. Sie sind daher möglicherweise mit den übrigen Pilzen nicht verwandt, die einen oder mehrere völlig selbständige Äste des Pflanzenreichs darstellen.

Neben der vegetativen Fortpflanzung durch unbewegliche Mitosporen treten alle Formen der sexuellen Fortpflanzung von der Isogamie bis zur Oogamie auf. Darüber hinaus gibt es Reduktionsformen der Sexualität, bei denen die Gameten reduziert sind und die Kopulation von den Gametangien vorgenommen wird (Gametangiogamie), oder bei denen auch die Gametangien reduziert sind, so daß normale Körperzellen kopulieren (Somatogamie).

Pilze sind überwiegend landlebende Pflanzen. Sowohl die Entsendung unbegeißelter Mitosporen, die also kein Wasser zur Fortbewegung benötigen, als auch die Reduktion der Gameten kann als Anpassung an das Landleben gesehen werden. In sehr vielen Fällen ist nur die vegetative Fortpflanzung bekannt. Solche Pilze, die als *Fungi imperfecti* bezeichnet werden, können nicht in eine der Klassen eingeordnet werden, sondern werden als **Deuteromycetes** zusammengefaßt (Tab. 10, Seite 129).

Die **Myxomycota** (**Schleimpilze**) sind einzellige Organismen. Ihre Zellen verschmelzen zeitweise zu Plasmodien oder lagern sich zu Pseudoplasmodien zusammen, die zur Bildung von größeren (mehrere mm großen) Fruchtkörpern befähigt sind, in denen unter Meiose die Gonosporen entstehen. Einen Teil ihres Lebenszyklus durchlaufen sie als rhizopodiale Zellen (Myxamöben) oder monadale Zellen (Myxoflagellaten), die auch als Gameten fungieren. Sie sind meist Saprophyten.

Die **Phycomyceten** (**Niedere Pilze** bzw. **Algenpilze**) reichen von einzelligen Organismen bis zu solchen mit kleinen Thalli (Myzelien) aus unseptierten, verzweigten, vielkernigen Hyphen (siphonale Organisation). Die Phycomyceten enthalten viele Saprophyten (z.B. einen Teil der Schimmelpilze), aber auch Parasiten (darunter wichtige Pflanzen-

Abb. 88. Querschnitt durch einen Fruchtkörper bildenden Ascomyceten. Dünne Linien = haploide, dicke Linien = diploide oder dikaryotische Phase. Die Punkte geben die Anzahl der Kerne je Zelle an. Nach Verschmelzung des ♂ mit ♀ Gametangium (♂ bzw. ♀) bilden sich die dikaryotischen ascogenen Hyphen. An diesen entstehen die diploiden Asci, die unter Reduktionsteilung die Ascosporen bilden. Der Fruchtkörper ist weitgehend haploid (nach HARDER aus STRASBURGER).

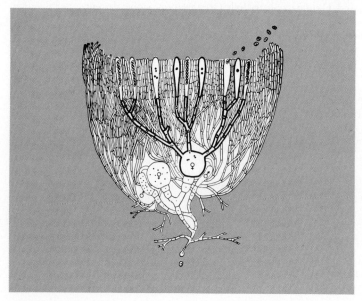

krankheitserreger). Die einfachsten Formen sind fast stets Haplonten, sie zeigen Iso-, Aniso- oder Oogamie. Bei den höheren Formen werden an den haploiden, verschiedengeschlechtlichen Hyphen mehrkernige Endabschnitte als +- oder −Gametangien abgegliedert, die zu einem vielkernigen Kopulationsprodukt, der Coenozygote kopulieren. Diese keimt zu einem Keimsporangium aus, das die Andeutung eines Sporophyten darstellt und unter Meiose die +- oder −Gonosporen ausbildet, die zu +- oder −Myzelien auswachsen.

Die **Ascomyceten** (**Schlauchpilze**) besitzen mehr oder weniger stark entwickelte Myzelien aus septierten Hyphen (trichale Organisation). Auch sie zeigen Gametangiogamie; allerdings verschmelzen bei der Bildung der Coenozygote zunächst nur die Plasmamassen der Gametangien, und die geschlechtsverschiedenen Kerne bleiben als Kernpaare getrennt erhalten. Es entsteht dadurch eine neue Kernphase, die Paarkernphase (Dikaryophase), in der dikaryotische Hyphen gebildet werden. Sie werden als ascogene Hyphen bezeichnet, da an ihnen das typische schlauchförmige Sporangium, der Ascus entsteht. Erst im Ascus erfolgt die Kernverschmelzung; der Ascus ist also diploid und bildet unter Meiose die Ascosporen aus, die zu neuen haploiden Myzelien auskeimen (Abb. 88).

Zu den einfachen Formen mit nur schwach entwickeltem Myzel gehören die Hefepilze, die als vegetative Vermehrungsform die Zellsprossung zeigen. Hierbei bildet die Zelle bereits vor der Kernteilung einen Auswuchs, in den nach der Kernteilung ein Tochterkern einwandert; dann kommt es zur Abschnürung durch eine Wand. Die Ascomyceten enthalten neben vielen Saprophyten (Hefen, Schimmelpilze z.T.) auch wichtige Parasiten (z.B. Mehltaupilze). Bei den höheren Formen besteht eine zunehmende Tendenz zur Ausbildung der ascogenen Hyphen (die einer Sporophyten-Generation entsprechen) und zur Umhüllung von Gametangien, ascogenen Hyphen und Asci durch ein plectenchymatisches Gametophytenmyzel. Es kommt dabei zur Ausbildung größerer Gewebepakete, die Fruchtkörper genannt werden. (Unter den Ascomyceten befinden sich auch einige Speisepilze!) Die Asci werden mit zwischen ihnen stehenden sterilen Hyphen, den Paraphysen, zu einem flächigen Hymenium vereinigt. Bezüglich Ort und Entstehungsweise der Fruchtkörper, Anordnung des Hymeniums und Bau und Öffnungsweise der Asci bestehen große Unterschiede.

Auch die **Basidiomyceten** (**Ständerpilze**) sind nach ihrem charakteristischen Sporangium, der Basidie, benannt. Sie bildet aber nicht, wie der Ascus, Endosporen, sondern gliedert die Basidiosporen als Exosporen nach außen ab. Bei den Basidiomyceten sind nicht nur die Gameten, sondern auch die Gametangien reduziert (Abb. 89); es kopulieren die normalen, verschiedengeschlechtlichen Hyphenzellen (Somatogamie). Im Extremfall kopulieren bereits die Basidiosporen, so daß der Gametophyt gar nicht mehr in Erscheinung tritt.

Abb. 89. Querschnitt durch einen Fruchtkörper bildenden Basidiomyceten. Zeichen s. Abb. 88. Nach Verschmelzung zweier Körperzellen bildet sich der dikaryotische Fruchtkörper, an dem die diploiden Basidien entstehen. Diese bilden unter Reduktionsteilung die Basidiosporen (nach HARDER aus STRASBURGER).

Nach der Kopulation mit Plasmaverschmelzung bleiben die Kerne zunächst als Kernpaare nebeneinander bestehen. Es entsteht dann ein ausgedehntes dikaryotisches Myzel, das als Fruchtkörper die Hymenien umhüllt. Die Kernverschmelzung erfolgt in der Basidie (oder in der vorhergehenden Zelle, der Probasidie). Da die Basidie unter Meiose die Basidiosporen bildet, sind also nur 1 oder 2 diploide Zellen vorhanden, doch hinsichtlich der Differenzierungsleistungen ist auch die dikaryotische Phase der haploiden Phase überlegen: Die dikaryotischen Fruchtkörper der Basidiomyceten sind weitaus größer und differenzierter als die weitgehend haploiden Fruchtkörper der Ascomyceten. Die meisten Großpilze (und damit Speisepilze) gehören daher zu den Basidiomyceten.

Daneben gibt es zahlreiche wichtige Parasiten (z. B. Brandpilze, Rostpilze), die meist fruchtkörperlos sind. Sie zeigen im Zusammenhang mit einem Wirtswechsel häufig komplizierte Entwicklungsgänge; dabei können in den Zyklus eingeschobene haploide oder dikaryotische Mitosporen und die diploide Probasidie als Vermehrungszellen bzw. Verbreitungszellen (Diasporen) dienen.

Pilze spielen in den Ökosystemen vor allem beim Abbau organischer Substanzen eine entscheidende Rolle. Außerdem gehören zu ihnen zahlreiche Krankheitserreger und sonstige Parasiten, die oft extrem wirtsspezifisch sind. Ihre auffallend hohe Artenzahl kann wohl, ähnlich wie unter den Tieren die der Insekten, als Folge dieser Spezialisierung verstanden werden.

2.2.3   Lichenes, Flechten

Die Flechten unterscheiden sich von den übrigen Pflanzen dadurch, daß sie aus zwei Organismen zusammengesetzt sind, die miteinander in Symbiose leben. Ein Partner ist immer ein Pilz, der andere eine Alge oder Cyanophycee. Der Algenpartner vermehrt sich nur vegetativ und ermöglicht der Flechte das photoautotrophe Dasein. Der Pilzpartner führt neben vegetativer Vermehrung seinen sexuellen Fortpflanzungszyklus durch und bildet seine charakteristischen Fruchtkörperformen (zumeist handelt es sich um Ascomyceten). Er übernimmt wesentlich die Wasser- und Mineralstoffaufnahme, während er die Photosyntheseprodukte von der Alge bezieht, und ist verantwortlich für die Gestalt der Flechte. Gemeinsam vermögen die Partner Formen und biochemische Substanzen (z. B. viele Flechtensäuren) zu bilden, die weder bei Pilzen noch bei Algen sonst auftreten. Sie besitzen einen weiten Spielraum in ihrer Toleranz gegenüber Außenfaktoren, wachsen aber meist langsam, so daß sie besonders Standorte besiedeln, an denen wegen großer Trockenheit, Kälte, Hitze oder Nährstoffarmut die Konkurrenzkraft anderer Pflanzengruppen eingeschränkt ist.

2.3   Bryobionta und Cormobionta

Die Abteilungen der Moose, Farne und Samenpflanzen enthalten vorwiegend autotrophe Landpflanzen, wenn auch manche von ihnen sekundär zum Wasserleben zurückgekehrt sind, und sind daher zumeist durch anatomische und physiologische Spezialisierungen an die Bedürfnisse des Landlebens angepaßt. Diese betreffen vor allem die Wasserversorgung: Wegen der meist hohen Saugkraft der Atmosphäre muß fast ständig Wasser verdunstet werden. Die Zellen müssen daher in der Lage sein, eine geeignete Hydratur selbst aufrecht zu erhalten. Pflanzen, die mittels des osmotischen Systems eine mehr oder weniger gleichartige Hydratur beibehalten können, bezeichnet man als homoiohydrisch, solche, deren Hydratur ganz den Außenbedingungen folgt, als poikilohydrisch. Proto- und Thallophyten sind poikilohydrisch, die höher entwickelten Gruppen zunehmend homoiohydrisch. Die Regelung der Zellhydratur erfolgte durch die Zentralvakuole (s. Seite 31). Das verdunstete Wasser muß durch Wasseraufnahme und Wassertransport ständig ersetzt werden können. Der Vegetationskörper muß eine ausreichende Festigung besitzen, und schließlich muß die Fortpflanzung unabhängig vom Wasser vor sich gehen können. Je größer die Organismen werden, um so ausgeprägter sind diese Anpassungen.

Die Chloroplasten der Bryophyten und Kormophyten enthalten Chlorophyll a und b, α- und β-Carotine, als Reservekohlenhydrat tritt Stärke auf. Wir finden also die Substanzen, die unter den anderen Gruppen in dieser Kombination nur bei den Chlorophyten zu beobachten waren.

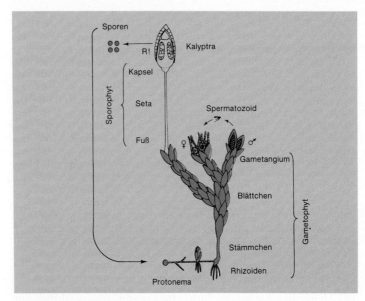

Abb. 90. Schema des Entwicklungsganges eines zwittrigen, beblätterten Mooses. R! = Reduktionsteilung.

Auch weitere Merkmalszusammenhänge lassen vermuten, daß sich die grünen Landpflanzen aus dem Bereich der Grünalgen heraus entwickelt haben. Der Entwicklungszyklus umfaßt einen heteromorphen Generationswechsel.

2.3.1   Bryobionta, Moose

Die Bryobionta mit der einzigen Abteilung der Bryophyta nehmen hinsichtlich ihrer Organisation eine Mittelstellung zwischen Thallophyten und Kormophyten ein. Sie bestehen aus Geweben, die mit einer Scheitelzelle wachsen, aber nur relativ wenig differenziert sind. Die haploide Gonospore keimt zu einem trichal organisierten Gebilde, dem Protonema (Vorkeim) aus (Abb. 90), an dem der höher organisierte Gametophyt sich entwickelt. Er kann ungegliederten thallösen Charakter haben oder aber in Stämmchen, Blättchen und Rhizoiden gegliedert sein. An ihm entstehen die ♂ und ♀ Gametangien entweder an einem Individuum (monözisch oder zwittrig) oder an getrennten Individuen (diözisch). Zur Befruchtung muß ein begeißeltes Spermatozoid die Eizelle des ♀ Gametangiums erreichen, was nur mit Hilfe von

Wasser geschehen kann. Die diploide Zygote keimt im Gametangium aus und bildet den Sporophyten. Dieser besteht im wesentlichen aus der Sporenkapsel, einem stielartigen Teil (der Seta) und dem basalen Teil (Fuß), der als Haustorium in den Gametophyten hineinwächst. In der Kapsel entstehen unter Meiose die Gonosporen in Tetraden. Der Sporophyt ist also unselbständig; er wird vom Gametophyten (wenigstens überwiegend) ernährt. Andererseits zeigt er besondere Differenzierungsleistungen, die z. B. in Einzelheiten des Kapselbaues und in der Ausbildung von Spaltöffnungen zum Ausdruck kommen. Der Gametophyt zeigt nur geringe Gewebedifferenzierung, etwa in Abschlußzellen und Assimilationszellen im peripheren und wasserleitende Zellen im zentralen Bereich. Die Wasserleitung wird durch kapillaren Aufstieg zwischen den Blättchen unterstützt. Die Anpassungen an das Landleben sind aber noch so wenig ausgeprägt, daß das Höhenwachstum einige dm nicht übersteigt. Moose sind nicht in der Lage eine eigene Hydratur aufrecht zu erhalten, sondern ihr Wasserzustand schwankt mit der Hydratur der Umgebung, sie sind also poikilohydrisch. Häufig ertragen sie lange Perioden völligen Austrocknens ohne Schaden. In der Vegetation gibt es nur wenige von Moosen dominierte Formationen (z. B. bestimmte Moore); als Zier- und Kulturpflanzen spielen sie nur eine untergeordnete Rolle.

2.3.2 Cormobionta, Gefäßpflanzen

2.3.2.1 Pteridophyta, Farnpflanzen

Bei den Farnpflanzen dominiert, im Gegensatz zu den Moosen, der Sporophyt, während der Gametophyt bei den höheren Formen immer weiter reduziert und schließlich ganz auf die Funktion der Fortpflanzung beschränkt wird. Der Sporophyt ist in mehrere Organe, nämlich Blätter, Sproßachsen und Wurzeln gegliedert. Er stellt also einen Kormus dar, wie wir ihn bereits von den Spermatophyten kennen. Das Wachstum erfolgt bei manchen Farnpflanzen noch mit Scheitelzellen, meist aber mit Meristemen. Auch hinsichtlich der Gewebe zeigt der Sporophyt eine reiche Differenzierung und beweist wieder die besonderen morphogenetischen Leistungen derjenigen Pflanzengruppen, deren Hauptgeneration diploid ist. Als Grundform der Differenzierung kann man gabelig verzweigte Triebe mit einer inneren Gliederung in zentrale, wasserleitende und periphere, der Photosynthese dienende Zellen ansehen. Diese Grundform, die man als **Telom** bezeichnet, tritt schon bei manchen hoch entwickelten Grünalgen auf. Sproßachsen, Blätter und Wurzeln kann man sich aus flächiger und räumlicher Kombination zahlreicher Telome, die dann weitere Umgestaltungen erfahren haben, entstanden denken. Unter den Farnpflanzen kann man bei einfachsten Formen Telome, bei anderen Übergänge, bei weiteren schließlich voll ausgebildete Kormi beobachten. Die Blattorgane sind dann entweder große Wedel (Makrophylle) oder kleine schuppenartige Blättchen (Mikrophylle). Da die kompakteren Gewebe von Farnpflanzen sich leichter in Form von Versteinerungen erhalten als die zarten Zellen der Thallo- oder Protophyten, sind von den Pteridophyten (wie auch den Spermatophyten) zahlreiche fossile Formen bekannt, die das Verständnis der Evolutionsvorgänge vertiefen können.

Der Entwicklungsgang (Abb. 91) führt von der Spore zu kleinen, meist grünen Gametophyten von thallöser Organisation (Prothallium), die kurzlebig sind und die Gametangien bilden. Ein begeißeltes Spermatozoid befruchtet die Eizelle zur Zygote. Diese wächst auf dem Gametophyten mit einem Blattscheitel zum ersten Blatt (Keimblatt), mit einem Sproßscheitel zum Sproß aus. Am Sproß entspringt seitlich die erste Wurzel; das Wurzelsystem ist damit von Anfang an sproßbürtig und muß daher als homorrhiz (s. Seite 72) bezeichnet werden. Die Seitenwurzeln entstehen nicht, wie bei den Samenpflanzen aus dem Perizykel, sondern aus der innersten Rindenschicht. Die oberirdischen Teile zeigen eine Epidermis mit Cuticula, Assimilationsparenchym und Leitbündel. Die Leitbündel sind meist konzentrisch, wobei das Phloem (mit

Abb. 91. Schema des Entwicklungsvorganges einer isosporen Farnpflanze. R! = Reduktionsteilung.

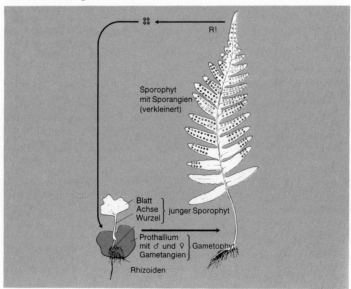

Siebzellen) das Xylem (mit Tracheiden, sehr selten Tracheen) umschließt. Sporangien entstehen in den einfachsten Fällen an den Achsen
oder in den Blattachseln, zumeist aber an Blättern, die im Gegensatz zu
den sterilen Blattorganen, den Trophyllen, Sporophylle genannt
werden. Die Sporangien besitzen Zellen mit verdickter Wand, die ihre
Funktion bei der Öffnung der Sporangien besitzen, und ein Tapetum,
das der Ernährung der im Inneren liegenden Sporenmutterzellen dient.
Die Sporenmutterzellen bilden unter Meiose die Sporen.

Bei mehreren Gruppen sind die Sporen, die männliche Prothallien liefern, anders, und zwar kleiner gestaltet (Mikrosporen) als die, die weib-
liche Prothallien liefern (Makrosporen). Man nennt diese Gruppen he-
terospor, die zuerst besprochenen isospor.

Der Entwicklungsgang wird dabei insofern abgewandelt (Abb. 92), als
zwei Sorten von Sporangien (Makro- und Mikrosporangien), von Sporen und von Prothallien gebildet werden. In allen Fällen wird wenigstens für die Befruchtung, nämlich die Übertragung des Spermatozoiden auf die Eizelle, noch Wasser gebraucht.

In manchen Fällen ist der Gametophyt keine selbständige Generation
mehr, sondern die Prothallien machen ihre Entwicklung innerhalb der

Abb. 92. Schema des Entwicklungsvorganges einer heterosporen Farnpflanze.
R! = Reduktionsteilung.

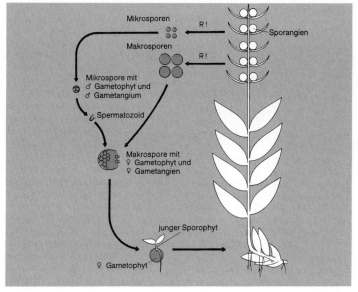

Sporenwand durch, leben saprophytisch und bleiben farblos. Nach der Befruchtung der Eizelle bildet sich auch der Embryo noch in der Makrospore. Noch einen Schritt weiter führt die Entwicklung dann, wenn die Makrospore das Makrosporangium gar nicht mehr verläßt, sondern auf dem Sporophyten sitzen bleibt, bis sich über die Bildung des ♀ Prothalliums und die Befruchtung hinaus die Entwicklung des Embryos, des nächsten jungen Sporophyten vollzogen hat. Dann ist ein **Samen** entstanden. Diese Entwicklung ist auf dem Wege von den Farnpflanzen zu den Samenpflanzen eingeschlagen worden, aber nicht nur einmal, sondern bei mehreren, z.T. fossilen Gruppen abgelaufen.

Die heute noch lebenden **Psilophytatae** (**Nacktfarne** oder **Urfarne**) haben telomähnliche Sprosse mit kleinen Blättchen. Ihnen fehlen noch echte Wurzeln. Fossile Formen waren z.T. schon höher entwickelt.

Die **Lycopodiatae** (**Bärlappgewächse**) sind mikrophylle Farnpflanzen mit heterotrophen, kleinen Gametophyten. Ihre Sporophylle stehen in deutlichen Sporophyllständen. Diese sind Sprosse begrenzten Wachstums, die die Fortpflanzungsorgane tragen, können also bereits im weiteren Sinne als **Blüten** (s. Seite 114) bezeichnet werden. Sie enthalten isospore und heterospore Gruppen, bei denen sich die Prothallien innerhalb der Sporen entwickeln. Die fossilen Schuppenbäume haben bereits Samen gebildet.

Bei den **Articulatae** (**Schachtelhalmgewächse**) stehen die Mikrophylle quirlständig, ihre Sporophylle sind schildförmig, d.h. sie stellen eine in der Mitte gestielte Scheibe dar, und stehen in Sporophyllständen. Die heutigen Schachtelhalme sind isospor, doch hat es auch schon (fossile) heterospore Formen gegeben.

Die **Filicatae** (**Farne**) sind die größte Gruppe. Sie besitzen Makrophylle (Wedel), die auf ihrer Unterseite Sporangien tragen. Sie sind zumeist isospor, jedoch hat sich in der Gruppe der Wasserfarne Heterosporie ausgebildet. In einigen Fällen der isosporen Farne sind die Sporophylle von den Trophophyllen verschieden. Von Blüten kann man jedoch nicht sprechen, da hier das Merkmal des begrenzten Wachstums fehlt (s. Seite 114).

2.3.2.2 Spermatophyta, Samenpflanzen

Diese Abteilung, die uns schon ausführlich beschäftigt hat, ist die höchst entwickelte und artenreichste Pflanzengruppe. Sie bestimmt das Bild der Vegetation seit weit über 300 Millionen Jahren. Sie zeigt die stärksten Anpassungen an das Landleben. Es handelt sich fast ausschließlich um homoiohydrische Pflanzen, deren Zellen weitgehend vakuolisiert sind. Sie sind mit ausgedehntem Leit- und Festigungsgewebe versehen und sind in ihrer Fortpflanzung in der Regel unabhängig von Wasser als Transportmittel. Nach der Besprechung der übrigen Pflanzenabteilungen sind wir jetzt in der Lage, ihren Entwicklungsgang als

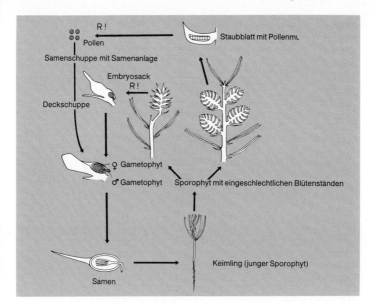

Abb. 93. Schema des Entwicklungsganges von Gymnospermen. Der Samen keimt; aus dem Embryo entwickelt sich als Keimling der junge Sporophyt. Am Sporophyten entstehen Nadelblätter und ♂ sowie ♀ Blütenstände. Bei der weiblichen Blüte liegt die Samenanlage frei auf der Samenschuppe, die in der Achsel einer Deckschuppe steht. Unter Reduktionsteilung bilden sich in der Samenanlage der Embryosack und in den Staubblättern die Pollenkörner. Aus der befruchteten Samenanlage entwickelt sich der Samen.

Generationswechsel zu verstehen und mit dem der heterosporen Farnpflanzen zu homologisieren. Diese Homologisierung ist eine der großen Leistungen der Botanik des vorigen Jahrhunderts und ist so eindeutig, daß ihr Entdecker (HOFMEISTER) die Voraussage gemacht hat, es müßten sich irgendwo unter den Spermatophyten noch begeißelte Spermatozoiden anstelle von Spermazellen finden lassen, was sich für einzelne Fälle unter den Gymnospermen (Cycas, Ginkgo) bewahrheitet hat.

Die Homologisierung läßt sich am leichtesten vom Ort der Reduktionsteilung aus vornehmen (Abb. 93, 94, Tab. 14, Seite 155). Da die Produkte der Meiose die Gonosporen sind, sind offensichtlich der Pollen und der Embryosack als solche zu verstehen. Dadurch wird verständlich, daß beide Wände mit Sporopolleninen besitzen und daß der Bau des Pollensacks (s. Seite 118) dem Bau der Farnsporangien (s. Seite 151) weitgehend gleicht. Der ♂ Gametophyt wächst in der Mikrospore heran und umfaßt nur 3 Zellen; der ♀ Gametophyt wächst in der Ma-

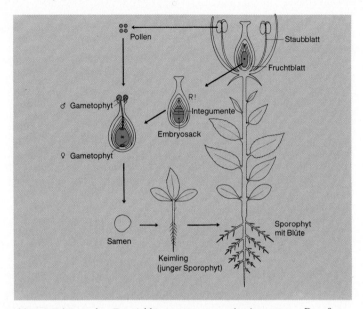

Abb. 94. Schema des Entwicklungsganges von Angiospermen. Der Samen keimt; aus dem Embryo entwickelt sich als Keimling der junge Sporophyt. Am Sporophyten entstehen die (meist zwittrigen) Blüten. Die Samenanlagen werden von einem oder mehreren verwachsenen Fruchtblättern umschlossen. Unter Reduktionsteilung bilden sich in der Samenanlage der Embryosack und in den Staubblättern die Pollenkörner. Aus der befruchteten Samenanlage entwickelt sich der Samen.

krospore heran und bleibt ebenfalls wenigzellig. Die Gametophyten sind extrem stark reduziert und dienen nur noch der Fortpflanzung. Nach der Befruchtung, die bei den Angiospermen eine doppelte ist, entwickelt sich auch der junge Sporophyt (Embryo) noch auf dem alten Sporophyten in der Makrospore. Staubblätter und Fruchtblätter sind die Sporophylle mit den Sporangien. Die Samenanlage entspricht im wesentlichen dem Makrosporangium (= Nucellus), enthält aber zusätzlich die Integumente. Die gesamte geschlechtliche Fortpflanzung findet also innerhalb der Blüte statt, die heterosporen Charakter hat. Der Samen, den wir als Ausgangspunkt der Entwicklung genommen hatten, enthält also Gewebebereiche recht unterschiedlicher Herkunft: Den jungen diploiden Sporophyten (Embryo), das ursprünglich vom ♀ Gametophyten stammende, aber durch zwei Kernverschmelzungsvorgänge triploid gewordene Endosperm und aus den diploiden, vom alten Sporophyten stammenden Integumenten entstandenes Gewebe (Samenschale).

Tab. 14. Der Entwicklungsgang einer Samenpflanze als Generationswechsel. Homologisierung der Begriffe

Pollen	= Mikrospore	Embryosack	= Makrospore
vegetative und generative Zelle	= Mikroprothallium mit Mikrogametangium (♂ Gametophyt mit ♂ Gametangium)	Eiapparat, Polkerne und Antipoden	= Makroprothallium mit Makrogametangium (♀ Gametophyt mit ♀ Gametangium)
Spermazelle	= ♂ Gamet Zygote Kormus (Blätter, Sproßachsen, Wurzeln)	Eizelle = Zygote = Sporophyt	= ♀ Gamet
Staubblatt	= Mikrosporophyll	Samenschuppe (bei Gymnospermen) Fruchtblatt (bei Angiospermen)	= Makrosporophyll
Pollensack	= Mikrosporangium	Nucellus	= Makrosporangium

2.4 Auswahl einiger wichtiger Familien der Spermatophyten

Die Spermatophyten enthalten nicht nur die höchste Anzahl der Arten, sondern sie bilden auch den größten Teil der Vegetation der Erde, und sie umfassen die überwiegende Zahl der Nutz-, Zier- und Heilpflanzen. Pflanzenverwendung findet vorrangig mit Spermatophyten statt. Deshalb soll auf sie noch etwas näher eingegangen werden. Die Grobgliederung in zwei Unterabteilungen und die beiden Klassen der Angiospermen wurden bereits auf Seite 128 bzw. in Tab. 10 kurz erwähnt. Diese Klassen werden wie andere Klassen des Pflanzenreichs weiter unterteilt. Wichtigste Einheiten der Untergliederung sind die Ordnung, die Familie, die Gattung (genus) und die Art (species). Bei Bedarf können Arten in Unterarten (subspecies), Varietäten (varietas), Sorten (cultivar) u. a. unterteilt werden. Zur wissenschaftlichen Benennung der Pflanze muß der lateinische Name von Gattung und Art genannt werden (binäre Nomenklatur seit C. von LINNÉ 1753). Die Spermatophyten umfassen über 350 Familien, von denen rund 115 in Mitteleuropa vorkommen. Nur einige der allerwichtigsten unter ihnen sollen im folgenden kurz vorgestellt werden. Bei der Kennzeichnung der Familien wie auch anderer systematischer Einheiten werden sowohl morphologisch-anatomi-

Tab. 15. Wichtigste in Blütenformeln verwendete Abkürzungen und Zeichen (vgl. hierzu die Erläuterungen im Text Seite 114 und 156 ff.)

P	Perigon	Blütenhüllblätter gleichartig
K	Kelch (Kalyx)	Blütenblätter in zwei unterschiedlich gestalteten Kreisen
C	Krone (Corolla)	
A	Androeceum	Gesamtheit der Staubblätter
G	Gynoeceum	Gesamtheit der Fruchtblätter
( )	Verwachsung	Organe von P, K, C, A oder G miteinander verwachsen
[ ]		Verwachsung unterschiedlicher Blütenorgane
2, 3, 4, 5 usw.		Anzahl der Glieder eines Kreises
∞		Anzahl der Glieder > 12
— ‾ ⁻ beim Gynoeceum:		ober-, mittel- und unterständig (v. l.)
℗	schraubig	die Blütenorgane sind schraubig angeordnet, die Blüte ist azyklisch
✳	radiär	zumindest die Organe der Blütenhülle (hemizyklische Blüte) oder alle Organe (zyklische Blüte) sind in Kreisen angeordnet; das Blütendiagramm weist mehr als zwei Symmetrieebenen auf
⥮	disymmetrisch	zyklische Blüte mit 2 Symmetrieebenen
↓	monosymmetrisch (− zygomorph = dorsiventral)	(hemi)zyklische Blüte mit nur 1 Symmetrieebene

sche als auch physiologisch-biochemische Merkmale benutzt; als besonders brauchbar haben sich die Merkmale aus dem Blüten- und Fruchtbereich erwiesen. Zur kurzen Charakterisierung der Blüten können wir Blütenformeln benutzen, bei denen die in Tab. 15 zusammengestellten Abkürzungen verwendet werden, zur schematischen Darstellung der Blüte dienen Blütendiagramme nach EICHLER. Bei diesen werden die vertikal aufeinanderfolgenden Knoten des Blütensprosses in Form konzentrischer Kreise dargestellt, auf denen die an den Knoten sitzenden Blütenorgane eingetragen werden (s. Abb. 95–97.)

Wir können davon ausgehen, daß die ursprünglichen Spermatophyten holzige Landpflanzen waren, deren Blütenorgane in wechselständiger Stellung (spiralig) an der Blütenachse standen, und zwar in Form einer größeren Anzahl von Perigon- und Staubblättern sowie von Fruchtblättern, die untereinander nicht verwachsen waren und jeweils zahlreiche Samenanlagen enthielten. Bei den meisten heutigen Arten ist die Blüte zyklisch, d. h. die Blütenorgane stehen wirtelig in Kreisen, deren Organzahl festgelegt ist (meist 5, 4 oder 3). Die Mannigfaltigkeit der Blütenformen entsteht durch eine größere Zahl von Spezialisierungsprozessen, von denen folgende von besonderer Bedeutung sind:

– Die Blütenhüllblätter verwachsen untereinander.
– Die Blütenhüllblätter werden ungleich ausgebildet; anstatt radiärer Symmetrie entsteht Zygomorphie (häufig in Verbindung mit Insektenbestäubung).
– Die Blütenhülle wird reduziert (häufig in Verbindung mit Windbestäubung).
– Einzelne Staubblätter oder ein Staubblattkreis fällt aus.
– Die Zahl der Fruchtblätter wird reduziert.
– Die Fruchtblätter verwachsen miteinander, anstelle des apokarpen Gynoeceums entsteht ein synkarpes oder parakarpes.
– Der Fruchtknoten sitzt nicht mehr frei in der Blüte (oberständig), sondern ist halb (mittelständig) oder ganz in die Blütenachse eingesenkt bzw. von dieser umgeben (unterständig).
– Die Anzahl der Samenanlagen wird auf 1 reduziert (häufig in Verbindung mit der Ausbildung von Schließfrüchten).

Fällt schließlich das Androeceum oder Gynoeceum ganz aus, so ist die Blüte nicht mehr zwittrig, sondern eingeschlechtlich. In diesem Falle kann die Pflanze monözisch (einhäusig) sein, indem sie ♀ und ♂ Blüten an demselben Individuum bildet, oder diözisch (zweihäusig), indem sie getrennte ♀ und ♂ Individuen ausbildet. Diese und andere Prozesse sind an den verschiedenen Ästen der Spermatophyten mehrfach und in unterschiedlicher Kombination abgelaufen.

Aus den Gehölzpflanzen haben sich sehr häufig mehrjährige und schließlich einjährige krautige Pflanzen abgeleitet; einige Gruppen haben sich sekundär wieder an das Leben im Wasser angepaßt.

Die Unterabteilung der Gymnospermae (Nacktsamer) zeichnet sich dadurch aus, daß die Samenanlagen offen auf den Makrosporophyllen (den sog. Samenschuppen) sitzen (vgl. Abb. 93). Die Blütenstände sind oft zapfenförmig. Die 800 Arten in nur etwa 14 Familien (davon 3 einheimische) sind ausnahmslos Holzgewächse, die insbesondere in Form

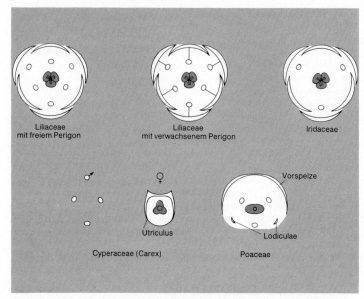

Abb. 95. Blütendiagramme einiger typischer Vertreter monokotyler Familien (nach EICHLER-Diagrammen in ENGLER sowie WEBERLING und SCHWANTES).

von Nadelwäldern große Teile der Kontinente bedecken (z.B. die Gattungen *Pinus* = Kiefer; *Picea* = Fichte; *Abies* = Tanne usw.).

Bei der Unterabteilung der Angiospermae (Bedecktsamer) mit ihren im Makrosporophyll (Fruchtblatt) eingeschlossenen Samenanlagen sind zwei große Klassen zu unterscheiden.

Die Klasse der Monokotyledonen umfaßt etwa 60000 meist krautige, seltener holzige Arten in rund 50 Familien (davon 20 einheimisch). Sie besitzen in der Regel nur ein Keimblatt, die Blattnerven verlaufen meist parallel, die Blätter haben eine deutliche Scheide aber keinen Blattstiel (s. Abb. 79); die Leitbündel sind auf dem ganzen Querschnitt der Sproßachse verstreut (s. Abb. 65) und die Blütenorgane stehen meist in dreizähligen Kreisen.

Die Liliaceae (Liliengewächse) besitzen aus 5 Kreisen bestehende 3zählige Blüten. Der Fruchtknoten ist oberständig und wird aus 3 verwachsenen Fruchtblättern gebildet. Da die Fruchtwand trocken oder seltener fleischig sein kann, entstehen als Früchte Kapseln oder seltener Beeren. Die Formel lautet dementsprechend: ✳ P 3 + 3 A 3 + 3 G (3). Seltener sind die Perigonblätter miteinander und mit den Staubblättern verwachsen, also ✳ [P (3 + 3) A 3 + 3] G (3̲) (s. Abb. 95). Die Liliengewächse besitzen oft unterirdische Speicherorgane (Rhizome, Knollen und Zwiebeln). Sie umfassen zahlreiche Zierpflanzen (z. B. *Tulipa* = Tulpe; *Lilium* = Lilie) und eine Reihe von Kulturpflanzen (z. B. *Allium* mit Küchenzwiebel, Knoblauch, Schnittlauch u. a.).

Ähnlich sind die Blüten der Amaryllidaceae (Narzissengewächse) gebaut, jedoch ist der Fruchtknoten unterständig geworden: ✳ P 3 + 3 A 3 + 3 G (3̄) oder ✳ [P (3 + 3) A 3 + 3] G (3̄). Die Früchte sind Kapseln oder Beeren. Hierher gehört eine Reihe von Zierpflanzen (z. B. *Narcissus* = Narzisse; *Galanthus* = Schneeglöckchen).

Bei den Iridaceae (Schwertliliengewächse) fällt ein Staubblattkreis aus (s. Abb. 95), und es besteht eine Tendenz zur Ausbildung von Zygomorphie: ✳ oder ↓ P 3 + 3 A 3 G (3̄), Kapseln. Auch hier finden wir Zierpflanzen (z. B. *Crocus* = Krokus; *Gladiolus* = Gladiole; *Iris* = Schwertlilie). Bei *Iris* führt das bevorzugte Wachstum nur der Blattunterseiten, das auch bei manchen anderen Monokotyledonen zu beobachten ist, zur Ausbildung von („schwertförmigen") Flachblättern, die mit ihren Scheiden dem Sproß „reitend" aufsitzen.

Bei den Juncaceae (Binsengewächsen) sind zwar die Zahlenverhältnisse noch dieselben wie bei den Liliaceen: ✳ P 3 + 3 A 3 + 3 G (3̲), Kapseln, jedoch ist das Perianth nur unscheinbar bräunlichgrün, und die Bestäubung erfolgt durch den Wind. Der Habitus ist durch stielrunde Blätter binsenartig oder durch (in drei Reihen stehende) sehr schmale Blätter grasartig.

Innerhalb der Familie der Cyperaceae (Sauergräser, Riedgräser) ist die Zahl der Samenanlagen auf 1 reduziert, und es ist eine vollständige Reduktion des Perianths zu beobachten. Bei der artenreichen Gattung *Carex* (Segge) sind die Blüten eingeschlechtlich. Hier bestehen die ♂ Blüten nur aus einem Staubblattkreis (Formel: P 0 A 3), die weiblichen nur aus dem Fruchtknoten P 0 G (3̲), Nuß, der von einer zusätzlichen Hülle, dem Schlauch (Utriculus), umschlossen wird (s. Abb. 95). Die Hochblätter im Blütenbereich sind oft schuppenartig und trockenhäutig (Spelzen). Der Habitus der Cyperaceae ist grasartig mit 3 Blattreihen, selten binsenförmig.

Auch die große Familie der Poaceae (anderer Name: Gramineae; Gräser, Süßgräser) besitzt hoch spezialisierte Blüten mit Spelzen. Die äußere Perianthkreis besteht nur noch aus der zweispitzigen Vorspelze, der innere ist in Form zweier kleiner Schwellkörper (Lodiculae) entwickelt, die die Öffnung der Blüte herbeiführen. Meist sind nur ein Staubblattkreis und 2 Fruchtblätter vorhanden (s. Abb. 95). Der oberständige Fruchtknoten wird zu einer einsamigen, nußartigen Frucht, bei der Samenschale und Fruchtwand fest verbunden sind (vgl. Abb. 2, Seite 14). Die Blüte kann daher so beschrieben werden: P (2) (Vorspelze) + 2 (Lodiculae) A 3 G (2̲), Karyopse. Der Habitus ist grasartig mit zwei Reihen

von Blättern, deren Scheiden die Internodien der Sproßachse umhüllen und so den „Halm" bilden.
Die drei zuletzt genannten Familien spielen eine große Rolle besonders in waldfreien Vegetationstypen. Dies gilt vor allem für die Poaceae, die nur in wenigen Vegetationstypen völlig fehlen. Da sie häufig dort dominant werden, wo Holzgewächse nicht mehr gedeihen können (z. B. Steppen, Savannen, alpinen Rasen, Salzwiesen), können sie als Gegenspieler der Bäume gelten. Außerdem enthalten sie zahlreiche Zierpflanzen und in Form der Getreide wichtige Kulturpflanzen (z. B. *Triticum* = Weizen; *Secale* = Roggen; *Avena* = Hafer; *Zea* = Mais; *Hordeum* = Gerste).
Von den weiteren Familien der Monokotyledonen sind eine ganze Reihe Sumpf- und Wasserbewohner, viele andere kommen nur oder vorwiegend in den (Sub-)Tropen vor. Besonders artenreich und stark spezialisiert sind u. a. die Palmen (Arecaceae) und Orchideen (Orchidaceae).
Die Klasse der Dikotyledonen umfaßt etwa 190 000 holzige und krautige Arten in nahezu 300 Familien (davon etwa 90 einheimisch). Sie besitzen in der Regel zwei Keimblätter; die Blätter weisen meist Stiel und Spreite, nur selten Scheiden auf, und die Blattspreiten sind fiedernervig.
Die Sproßachse enthält offen kollaterale Leitbündel, die im Querschnitt ringförmig angeordnet sind, und kann mittels eines Kambiums ein sekundäres Dickenwachstum ausführen. Eine große Gruppe von Familien besitzt grundsätzlich unverwachsene (freie) Blütenhüllblätter. Viele ihrer Vertreter entsprechen dem auf Seite 116 dargestellten Blütenbau, bei anderen treten stärkere Spezialisierungen auf.
Eine besondere Vielfalt der Blütenformen zeigen die meist krautigen Ranunculaceae (Hahnenfußgewächse). In einigen Fällen stehen die Blütenorgane noch in großer Zahl spiralig an der Blütenachse, in anderen bilden sich, zumal in der Blütenhülle, (meist 5zählige) Kreise aus (s. Abb. 96), auch Zygomorphie kann auftreten, und das Perianth kann sich in Kelch und Krone gliedern. Dabei lassen sich Perigon oder Krone in manchen Fällen aus dem Staubblattbereich, Perigon oder Kelch in anderen Fällen aus dem Hochblattbereich entstanden denken, wie Übergänge zeigen. Das Gynoeceum ist apokarp (Frucht: Bälge); durch Reduktion der Zahl der Samenanlagen können als Schließfrüchte Nüßchen entstehen.
Neben weiteren Abwandlungen treten folgende Blütenformen häufiger auf:

$$\text{\textcircled{P}} \quad P \infty \quad A \infty \quad G \infty$$
$$\bigstar, \downarrow \quad P\ 5 \qquad A \infty \quad G\ 5$$
$$\bigstar \quad K\ 5\ C\ 5\ A \infty\ G \infty$$

Ranunculaceen finden als Zierpflanzen Verwendung (z. B. *Aquilegia* = Akelei; *Delphinium* = Rittersporn; *Anemone; Clematis*).

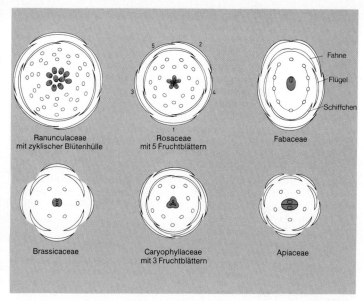

Abb. 96. Blütendiagramme einiger typischer Vertreter dikotyler, freikronblättriger Familien (nach EICHLER-Diagrammen in ENGLER sowie WEBERLING und SCHWANTES).

Bei der Familie der Rosaceae (Rosengewächse) ist die Vielzahl der Fruchtformen besonders ausgeprägt. Wie die häufigste Blütenformel ✳ K 5 C 5 A n x 5 G ∞, 5, 1 zeigt, herrscht die 5-Zahl vor (s. Abb. 96), jedoch kann das Gynoeceum durch Unterschiede in der Zahl der Fruchtblätter, Reduktion der Zahl der Samenanlagen, unterschiedliche Gestaltung der Fruchtwand und unterschiedliche Beteiligung der Achse (vgl. Abb. 83, Seite 126) sehr verschiedene Fruchtformen bilden. Dies gilt sowohl für die zahlreichen Kulturpflanzen dieser Familie wie z. B. *Malus* = Apfel und *Pyrus* = Birne mit Sammelbalgfrüchten (G 5), *Prunus* = Kirsche, Pflaume, Pfirsich, Mandel usw. mit Steinfrüchten (G 1), *Rubus* = Brombeere, Himbeere mit Sammelsteinfrüchten und *Fragaria* = Erdbeere mit Sammelnußfrüchten (beide G ∞) als auch für die hierher gehörigen Zierpflanzen wie z. B. *Spiraea* mit Bälgen (G 5) und *Rosa* mit der Hagebutte als becherförmiger Sammelnußfrucht (G ∞).

Ähnlich gebaut sind die Saxifragaceae (Steinbrechgewächse); allerdings besteht das Gynoeceum meist aus nur 2 verwachsenen Fruchtblättern und ist mittel- oder unterständig: ✳ K 5 C 5 A 5 + 5 G (2) oder (2), Kap-

seln oder Beeren. Hierher gehören Zierpflanzen (z.B. *Saxifraga* =
Steinbrech) und Nutzpflanzen (z.B. *Ribes* = Johannisbeere, Stachel-
beere).
Wie die vorhergegangenen Familien enthalten die Fabaceae (anderer
Name: Papilionaceae; Schmetterlingsblütler, zur Ordnung Legumino-
sae, Hülsenfrüchtler, gehörig) sowohl holzige als auch krautige Arten.
Wie die Rosaceen besitzen sie Nebenblätter und haben oft gefiederte
Blattspreiten. Sie besitzen dorsiventrale „Schmetterlingsblüten" mit unterschiedlich gestalteten Kronblättern (s. Abb. 48 und 80). Die Staubblätter sind alle oder bis auf eines verwachsen. Die Frucht entsteht aus
nur einem Fruchtblatt, öffnet sich aber an beiden Nähten (Hülse). Die
Blütenformel lautet ↓ K 5 C 5 A (10) oder A (9) + 1 G 1. (Über die Symbiose mit Knöllchenbakterien s. Seite 175.) Auch hierher gehören zahlreiche Zierpflanzen wie die Ginsterarten (Gattungen *Sarothamnus,
Cytisus, Genista* u. a.), *Lupinus* = Lupine, *Robinia* = Robinie und
wichtige Nahrungspflanzen (z. B. *Phaseolus* = Bohne, *Pisum* = Erbse,
Lens = Linse, *Glycine* = Sojabohne).

Abb. 97. Blütendiagramme einiger typischer Vertreter dikotyler, verwachsen-
kronblättriger Familien (nach EICHLER-Diagrammen in ENGLER sowie WEBER-
LING und SCHWANTES).

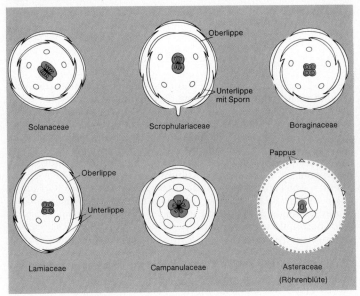

Die Familie der Brassicaceae (anderer Name Cruciferae; Kreuzblütler) ist krautig. Ihre Blüten (s. Abb. 96) sind disymmetrisch und sehr einheitlich: ⚥ K 4 C 4 A 2 (kurz) + 4 (lang) G (2). Die Frucht ist die Schote als eine vielsamige Streufrucht, die als Sonderform der Kapsel aufgefaßt werden kann (s. Seite 126). Neben Zierpflanzen (wie *Cheiranthus* = Goldlack, *Lunaria* = Silberblatt u. a.) enthält die Familie eine ganze Reihe von Nutzpflanzen (z. B. *Brassica* = Kohl, Raps, Schwarzer Senf; *Raphanus* = Rettich, Radieschen), die z. T. wegen ihrer chemischen Inhaltsstoffe als Gewürze Verwendung finden.

Vielgestaltiger sind die Blüten in der Familie der Caryophyllaceae (Nelkengewächse). Die Mitglieder dieser Familie sind krautig, haben meist schmale gegenständige Blätter und selten Nebenblätter. Die Grundzahl der Blüte ist 5, jedoch herrscht eine Tendenz zur Reduktion insbesondere der Zahl der Fruchtblätter (s. Abb. 96). Die Kelchblätter, nicht jedoch die Kronblätter, können verwachsen sein: ✳ K 5 oder K (5) C 5 A 5 + 5 G (5̲), (3̲), (2̲), Kapseln. Wichtige Zierpflanzen sind *Dianthus* = Nelke, *Lychnis* = Lichtnelke, *Cerastium* = Hornkraut u. a.

In der Familie der Apiaceae (anderer Name Umbelliferae; Doldengewächse) zeigt sich wieder ein sehr einheitlicher Bau der Blüten (s. Abb. 96), die stark spezialisiert sind: Der Kelch ist oft stark reduziert, ein Staubblattkreis fehlt, der Fruchtknoten ist unterständig und bildet eine zweisamige Frucht, bei der Samenschale und Fruchtwand verwachsen sind und die in zwei Teilfrüchte zerfällt (Spaltfrucht). Die Formel lautet: ✳ K 5 C 5 A 5 G (2̲). Die Apiaceen tragen wechselständige Blätter mit Blattscheiden und meist doppelte Dolden als Blütenstände. Sie enthalten ätherische Öle, auf denen die Nutzung als Gewürzpflanzen beruht (z. B. *Petroselinum* = Petersilie; *Anethum* = Dill; *Foeniculum* = Fenchel; *Carum* = Kümmel). Weitere Nutzpflanzen sind *Daucus* = Mohrrübe; *Apium* = Sellerie; Zierpflanzen z. B. *Heracleum* = Bärenklau.

Eine ganze Gruppe von meist windblütigen Familien zeichnet sich durch stark reduzierte Blüten aus: Das Perianth ist unscheinbar, die Zahl der Organe je Kreis beträgt nur 2 oder 3, die Blüten sind oft eingeschlechtlich, die Früchte sind meist einsamige Nüsse. Zu dieser Gruppe mit häufig kätzchenartig zusammengedrängten Blütenständen, gehören insbesondere viele Holzpflanzen, darunter einige unserer wichtigsten Laubbäume. In erster Linie zu nennen sind hier *Fagus* = Buche und *Quercus* = Eiche (Fam. Fagaceae), sowie *Betula* = Birke, *Alnus* = Erle und *Carpinus* = Hainbuche (Fam. Betulaceae).

Eine weitere umfangreiche Gruppe oft großer Familien besitzt grundsätzlich verwachsene Kronblätter. Bei vielen von ihnen sind Spezialisierungen besonders ausgeprägt, z. B. ist meist nur noch ein Staubblattkreis entwickelt, die Blüten sind oft monosymmetrisch, krautige Pflanzen überwiegen bei weitem. Auch von diesen Familien können nur einige wenige als Beispiele genannt werden.

Die Familie der Solanaceae (Nachtschattengewächse) sind wechselständig beblätterte Kräuter mit überwiegend 5zähligen Blütenkreisen. Der Fruchtknoten steht schief in der Blüte (s. Abb. 97) und entwickelt sich zu vielsamigen Beeren, seltener Kapseln: ✳, seltener ↓ K (5) [C (5) A 5] G (2). Die Familie enthält Nahrungspflanzen wie *Solanum* (mit Kartoffel, Tomate, Aubergine) und *Capsicum* = Paprika, aber auch Drogenpflanzen, die auf Grund ihres Gehaltes an Alkaloiden genutzt werden (z. B. *Nicotiana* = Tabak; *Atropa* = Tollkirsche).

Die Familie der Scrophulariaceae (Rachenblütler) zeigt eine zunehmende Tendenz zur Dorsiventralität, die oft noch durch die Bildung einer hohlen Ausstülpung der Unterlippe, des Sporns, betont wird (s. Abb. 97), zur Reduktion der Zahl der Staubblätter und zur gegenständigen Blattstellung: ↓ K 5 (5) oder (4) [C (5) davon 2 die Oberlippe, 3 die Unterlippe bildend, A 5, 4 oder 2] G (2), Kapseln. Insbesondere Zierpflanzen sind in dieser Familie zu finden (z. B. *Antirrhinum* = Löwenmaul; *Veronica* = Ehrenpreis).

Bei den Boraginaceae (Rauhblattgewächsen) finden wir wieder wechselständige Beblätterung und meist radiäre Blüten: ✳ K (5) [C (5) A 5] G (2). Die Frucht ist jedoch stark spezialisiert, da sie aus 4 einsamigen Teilfrüchten (Klausen) besteht (s. Abb. 97). An Nutzpflanzen sind vor allem Zierpflanzen zu nennen (z. B. *Myosotis* = Vergißmeinnicht).

Bei der Familie der Lamiaceae (anderer Name Labiatae; Lippenblütler) finden wir ähnliche Klausen als Fruchtform, die Blüten sind aber stark dorsiventral (s. Abb. 97) und zeigen Tendenzen zur Reduktion der Zahl der Staubblätter: ↓ K (5) [C (5) davon 2 die Oberlippe, 3 die Unterlippe bildend, A 4, selten 2] G (2), Klausen. Auf Grund ihres Gehaltes an ätherischen Ölen werden viele Lippenblütler als Drogen- oder Gewürzpflanzen, auf Grund der auffälligen Blütenausbildung als Zierpflanzen genutzt (z. B. *Salvia* = Salbei; *Thymus* = Thymian; *Lavandula* = Lavendel; *Mentha* = Minze; *Majorana* = Majoran).

Die letzten beiden hier als Beispiele aufgeführten Familien besitzen eine Reihe gemeinsamer Merkmale: Die Antheren der Staubfäden sind verbunden, der Fruchtknoten ist unterständig und statt Stärke wird meist Inulin (s. Seite 35) gespeichert; die Pflanzen führen oft Milchsaft.

Die Familie der Campanulaceae (Glockenblumengewächse) besitzt noch eine zweikreisige Blütenhülle und mehrsamige Kapseln als Früchte: ✳ K 5 C (5) A (5) G ($\overline{5}$), ($\overline{3}$) oder ($\overline{2}$) (vgl. Abb. 97).

Besonders stark spezialisiert ist der Bau der Familie Asteraceae (anderer Name: Compositae, Korbblütler; s. Abb. 97). Der Kelch ist nur in Form kleiner Borsten (Pappus) entwickelt oder fehlt ganz. Der Fruchtknoten besteht aus 2 Fruchtblättern und enthält nur eine Samenanlage. Aus ihm entwickelt sich eine unterständige nußartige Schließfrucht, bei der Samenschale und Fruchtwand fest verbunden sind (Achäne). Die Blüten stehen in Köpfchen, die außer radiären Scheibenblüten (= Röhrenblüten) auch monosymmetrische Strahlblüten enthalten können, bei denen 3 Kronblätter lang ausgezogen sind, während 2 nur einen kurzen Saum bilden. Oder die Köpfchen bestehen ganz aus monosymmetrischen Zungenblüten, bei denen alle 5 Kronblätter lang einseitig ausgezogen sind:

✳ K (Pappus o. fehlend) C(5) Röhre A 5 G (2) Achäne (Röhrenblüte)
↓ K (Pappus o. fehlend) C(5) davon 3 Strahl, 2 Saum, Rest wie oben (Strahlblüte)
↓ K (Pappus o. fehlend) C(5) Zunge, Rest wie oben (Zungenblüte)

Diese Familie ist eine der artenreichsten Familien der Spermatophyten. Sie umfaßt eine große Zahl von Zierpflanzen (z. B. *Chrysanthemum* = Chrysantheme, Margerite; *Aster; Dahlia; Zinnia; Tagetes),* von Heil- und Gewürzpflanzen (z. B. *Matricaria* = Kamille; *Artemisia* mit Beifuß, Wermut, Estragon; *Arnica*) wie auch von Nahrungspflanzen (z. B. *Helianthus* = Sonnenblume, Topinambur; *Lactuca* mit Kopfsalat; *Scorzonera* = Schwarzwurzel).

3 Die Pflanze in der Biosphäre

3.1 Die Pflanze als Glied der Vegetation

In den vorausgegangenen Abschnitten dieses Bandes wurden, von wenigen Hinweisen abgesehen, die Pflanzen so dargestellt, als lebten sie als Einzelorganismen. Daß dies keineswegs zutrifft und daß hierbei nicht alle grundsätzlichen Gesichtspunkte der Botanik erfaßt werden können, soll im letzten Abschnitt klargelegt werden. Außer in bestimmten experimentellen Anordnungen (wo aber die Versuchspflanze doch auch in Beziehung zu einem anderen Organismus, nämlich dem Menschen als Experimentator, steht) tritt keine Pflanze als Einzelorganismus auf, sondern ist mit anderen Organismen durch einen Stoff- und Energieaustausch verbunden.

Alle Organismen sind mehr oder weniger nahe an der Erdoberfläche angeordnet. Samt ihrem Lebensraum machen sie die Biosphäre aus, die von der Atmosphäre nach der einen und der Lithosphäre nach der anderen Seite begrenzt wird. Sie schließt die gelegentlich getrennt bezeichnete Hydrosphäre (Gewässer) und Pedosphäre (Böden) ein. Ein realer Ausschnitt aus der Biosphäre mit seinen lebenden und nicht lebenden Bestandteilen wird als **Ökosystem** bezeichnet (Abb. 98). Die lebenden Bestandteile sind die Pflanzengesellschaften (Phytozönosen) und Tiergesellschaften (Zoozönosen), die als **Biozönosen** zusammengefaßt werden. Die nicht lebenden Bestandteile sind die Biotope (= Standort), die durch die Boden-, Klima und Wasserbedingungen gekennzeichnet werden. Alle Teile stehen miteinander in einem dynamischen Gleichgewicht.

Der Mensch ist nicht zwanglos in ein Ökosystemschema einzubauen. Einerseits war er, historisch gesehen, in früheren Epochen ein Glied bestimmter Ökosysteme und ist bis heute von der Nutzung natürlicher Ressourcen abhängig. Andererseits hat er seit langer Zeit Biozönosen, Böden, Gewässer und auch das Klima verändert und damit teilweise völlig neue Ökosysteme geschaffen. Da nahezu alle Ökosysteme der Erde von Menschen mehr oder weniger beeinflußt werden, reicht ein einfaches Begriffspaar wie „natürliche Ökosysteme" und „anthropogene Ökosysteme" zur Beschreibung nicht aus. Eine Abhilfe bildet hier das System der Hemerobie (= Stärke des menschlichen Einflusses), das unterschiedliche Grade der Einflußnahme des menschlichen Einflusses (z. B. von nahezu unberührten Ökosystemen bis hin zu Stadtökosystemen) unterscheidet, die zugleich unterschiedliche Grade abnehmender natürlicher Regulation sind (Abb. 98).

Jede reale Pflanze ist Teil ihrer Phytozönose und damit Glied der Gesamtheit der Phytozönosen, der Vegetation. Sie steht im Stoff- und Energieaustausch mit ihrer Umwelt, mit welcher zusammenfassend die auf die wirkenden Faktoren des Biotops und der übrigen Organismen bezeichnet werden. Unter Faktoren versteht man dabei die Energieform dieses Austausches (Wasser, Licht, Wärme usw.). Diese Beziehungen zwischen der Pflanze und ihren Umweltfaktoren sind Gegenstand der Ökologie. Die Einflüsse von Biotopfaktoren auf die Entwicklung wurden in den vorangegangenen Kapiteln erwähnt (s. Seite 38, 63 ff., 95,

Abb. 98. Ökosystem und Mensch. H = Hemerobie. In der Richtung des Pfeils nimmt die Stärke des menschlichen Einflusses zu, der Anteil natürlicher Regulationsprozesse ab.

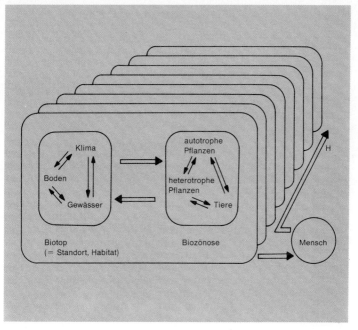

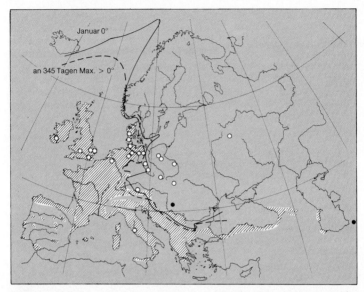

Abb. 99. Verbreitungsgebiet (schraffiert und Punkte) der Stechpalme *(Ilex aquifolium)* im Vergleich mit zwei Klimalinien. Die interglazialen Funde (Kreise) weisen darauf hin, daß unter anderen Klimabedingungen auch die Verbreitungsgrenze verschoben war (nach MEUSEL und ENQUIST aus STRAKA).

99 f., 111 ff.). Die Resistenz einer Pflanze gegen die Extremwerte von Außenfaktoren (z. B. Kälteresistenz, Austrocknungsresistenz, minimale Nährstoffbedürfnisse) liefert den weitesten Rahmen des möglichen Vorkommens. Dieser Rahmen kann aber nicht voll ausgenutzt werden, da schon ein Nachlassen der Wuchsleistungen bei ungünstiger werdenden Bedingungen dazu führt, daß eine Art von anderen, besser angepaßten Arten verdrängt wird. Dazu ein Beispiel: Die Verbreitungsgrenze der Stechpalme *(Ilex aquifolium)* kann recht gut mit dem Verlauf zweier klimatischer Größen parallelisiert werden (Abb. 99). Wir finden in Gärten, wo man Pflanzen möglichst konkurrenzfrei zu kultivieren pflegt, diesen Baum aber auch noch an vielen Stellen des zentralen Mitteleuropa. Ursache für die Verbreitungsgrenze sind also nicht die Klimafaktoren allein, sondern die Kombination der Wirkung des Klimas und der Konkurrenten.

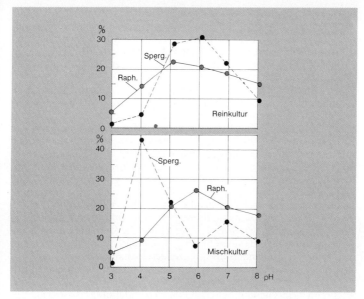

Abb. 100. pH-Optimumkurven von *Raphanus raphanistrum* (Hederich) und *Spergula arvensis* (Feldspark) in Reinkultur und Mischkultur miteinander auf einem lehmigen Sandboden (aus ELLENBERG).

Die gleiche Überlegung, die eben zur Erklärung der Begrenzung des Verbreitungsgebietes (Areals) einer Art herangezogen wurde, läßt sich auch für die lokale Begrenzung einer Art anstellen. Häufig sind Pflanzen an ganz bestimmte Biotope (Standorte) mit bestimmten Faktoren gebunden. Auch hier besteht ein Unterschied zwischen Pflanzen, die ohne Konkurrenz fremder Arten (Reinsaat) und solchen, die mit Konkurrenz fremder Arten (Mischsaat) kultiviert wurden. Auch hier ein Beispiel: In Reinsaat hatten zwei Ackerunkräuter, nämlich Hederich *(Raphanus raphanistrum)* und Feldspark *(Spergula arvensis)* ihr Optimum bei pH 5–6 des Bodens (Abb. 100). In Mischsaat verdrängte der konkurrenzstarke Hederich den Feldspark aus dem Optimalbereich, der dann bei pH 4 am häufigsten war. Die Besiedler der optimalen Standorte sind meist die stärksten Konkurrenten, die Spezialisten an Extremstandorten (z. B. sehr trockene, kalte, salzreiche Standorte) sind häufig nur durch Konkurrenz verdrängt. Von den Waldbäumen Mitteleuropas

wachsen im forstlichen Anbau die meisten am besten auf frischen, nähr-
stoffreichen (nicht oder nur schwach sauren) Standorten. Hier dominiert aber der stärkste Konkurrent, die Rotbuche *(Fagus sylvatica)*, und
drängt die anderen Bäume auf meist nicht ganz so günstige Standorte ab
(Abb. 101). So bestimmen Biotopfaktoren indirekt und die Konkurrenz
direkt das Bild der Vegetation.
Eine weitere Ursache für die Zusammensetzung der Vegetation sind die
räumlich-historischen Gegebenheiten. Gleichartige Standorte in verschiedenen Kontinenten werden von unterschiedlichen Arten besetzt.
Denn die räumliche Isolierung hat dazu geführt, daß sich im Laufe der
Erdgeschichte (bzw. Floren- und Vegetationsgeschichte) Florengebiete
mit unterschiedlicher Artengarnitur entwickelt haben. Es ist also nicht
zu einer gleichmäßigen Vermischung der Arten gekommen. Auch innerhalb der Kontinente gibt es durch Verbreitungshindernisse bedingte
Unterschiede. Selbst in begrenzten Gebieten kann die Entstehung einer
neuen Art rascher verlaufen als die vollständige Verbreitung einer Art
auf die für sie geeigneten Standorte. Durch die zunehmende Bedeutung
der Anthropochorie (s. Seite 127) geschieht die Durchmischung heute
wesentlich rascher als in früheren Jahrhunderten. So gibt es heute in
Nordamerika und anderswo Pflanzengesellschaften, die fast ganz aus
ursprünglich europäischen Arten bestehen, und in Europa stellen nord-
amerikanische Arten zunehmende Anteile der Vegetation.
Während die Beziehung zwischen Pflanzen und Biotopfaktoren auch in
den vorangegangenen Kapiteln schon stellenweise erwähnt wurden,
muß jetzt noch etwas über die Beziehung zwischen einer Pflanze und
den anderen Organismen gesagt werden.

3.2   Beziehungen zwischen Pflanze und Pflanze

3.2.1   Beziehungen zwischen autotrophen Pflanzen

Beziehungen zwischen Organismen können in allgemeinster Form mit
dem Ausdruck *Interferenz* belegt werden. Interferenz kann auf verschiedenen Mechanismen (Interaktionen) beruhen. Tab. 16 zeigt ein
einfaches Schema der 9 theoretisch möglichen Interaktionen beim
Zusammentreffen zweier Pflanzen. Sie lassen sich in vier grundsätzlich
verschiedenen Einwirkungsformen zusammenfassen: Neutralismus
würde dort bestehen, wo Pflanzen völlig einflußfrei nebeneinander
wachsen. Unter Konkurrenz versteht man eine Raumverdrängung,
deren Ursache die mehr oder minder große Wachstumsgeschwindigkeit unter den gegebenen Bedingungen ist. Die Besetzung von Raum
bedeutet für den Konkurrenzpartner Entzug von Wasser, Nährstoffen,
Licht. Einer der Partner wird dabei negativ beeinflußt, in der Regel –
aber nicht immer – erfährt der andere Partner dadurch eine Förde-
rung. Die Folge von Konkurrenz ist bei Pflanzen normalerweise nicht

Tab. 16. Interaktionen zwischen autotrophen Pflanzen (in Anlehnung an MAL-
COLM). Zwei Arten (A, B) können, wenn sie zusammentreffen, fördernd (+),
hemmend (−) oder neutral (0) aufeinander wirken. Hierbei sind 9 Interaktionen möglich.

Wirkung von	Wirkung von A auf B		
B auf A	+	0	−
	Kombination AB:		
+	+ +	+ 0	+ −
0	0 +	0 0	0 −
−	− +	− 0	− −

1. 00   Neutralismus: Keine der beiden Arten wird beeinflußt

2. Konkurrenz im weiteren Sinn
   − +, + −   Antagonismus: eine Art wird gefördert, die andere gehemmt
   − −   Konkurrenz im engeren Sinne: beide Arten beeinträchtigen sich
              gegenseitig

3. − 0, 0 −   entweder Amensalismus: die eine Art wird (durch Ressourcenver-
              brauch) gehemmt, die andere weder beeinträchtigt noch gefördert
              oder Allelopathie: eine Art beeinträchtigt die andere auf chemi-
              schem Wege, bleibt selbst aber unberührt

4. Kooperation im weiteren Sinne
   + 0, 0 +   Kommensalismus: eine Art fördert die andere, bleibt selbst aber
              unbeeinträchtigt
   + +   Kooperation im engeren Sinne: beide Arten fördern sich gegen-
              seitig

die völlige Verdrängung eines Konkurrenten, sondern die beiden Konkurrenten weichen sich (räumlich und zeitlich) aus, so daß es durch
Nischenbildung zur Koexistenz kommt. Das erklärt die Entstehung
vieler artenreicher Pflanzengesellschaften. Von Allelopathie spricht
man, wenn eine Pflanze durch Abgabe spezifischer Substanzen (z. B.
durch Abgabe von Hemmstoffen) das Wachstum anderer Pflanzen
negativ beeinflußt, ohne selbst vom Partner beeinträchtigt zu werden.
Die allelopathische Wirkung addiert sich dann zur Konkurrenzwir-
kung hinzu. Allelopathische Wirkungen sind wohl weit verbreitet,
aber experimentell schwer zu fassen. Kooperation bezeichnet eine
günstige Wirkung einer Pflanze auf eine andere, die die Effekte der
Raumkonkurrenz vermindert. In unseren Pflanzengesellschaften gibt
es zahlreiche Beispiele für Kooperation im weiteren Sinne, z. B. Tran-
spirationsschutz durch Beschattung, Kletterhilfe für Lianen und

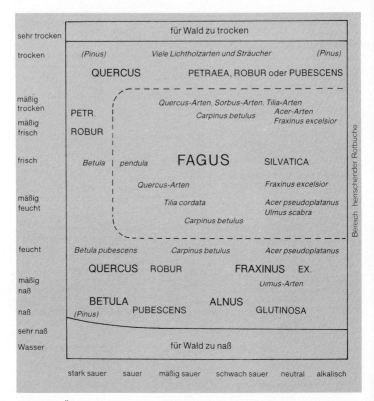

Abb. 101. Übersicht der in den tieferen Lagen des westlichen Mitteleuropa waldbildenden Holzarten. Die Schriftgrößen zeigen ungefähr den Grad der Beteiligung an der Baumschicht, wie er als Ergebnis des natürlichen Konkurrenzkampfes zu erwarten wäre. Eingeklammert = nur in manchen Gebieten (aus ELLENBERG).

Klimmstauden, Schutz vor Tierfraß für innerhalb von Dornsträuchern wachsende Arten. Schaffung eines günstigen Bestandesklimas durch Unkräuter in Gemüsefeldern. Seltener sind Beispiele für Kooperation im engeren Sinne, wie z. B. das gegenseitige Abstützen von Grashalmen und Kräutern in einer windbewegten Wiese. Solche Beobachtungen von Interaktionen lassen sich leicht anstellen, und sie schärfen den Blick.

3.2.2 Beziehungen zwischen heterotrophen Pflanzen

Alle drei Interferenzformen kommen auch zwischen heterotrophen Pflanzen vor. Da diese grundsätzlich auf oder in organischen Substraten leben, spielen chemische Interaktionen eine große Rolle. Besonders bedeutsam ist ein Fall von Allelopathie: Actinomyceten erzeugen Antibiotika, die das Wachstum anderer Bakterien hemmen.

3.2.3 Beziehungen zwischen autotrophen und heterotrophen Pflanzen

Grundlagen der Stoffproduktion in jedem Ökosystem und damit Grundlage des Lebens auf der Erde überhaupt ist die Produktion der autotrophen Pflanzen (Primärproduktion). Die hier entstandenen Substanzen dienen den heterotrophen Organismen des Ökosystems als Nahrung und werden von ihnen zur Produktion (Sekundärproduktion) benutzt (s. Abb. 102). Das kann entweder durch direkte Verwendung der lebenden Substanz durch Parasiten oder durch pflanzenfressende Tiere (Weidegänger-Nahrungskette) oder durch Ausnutzung der abgestorbenen Pflanzenteile (Detritus-Nahrungskette) durch saprophytische Pflanzen und andere Tiere geschehen.

Parasitismus. Parasiten (Schmarotzer) sind heterotrophe Organismen, die ihre Nährstoffe dem Stoffwechsel eines anderen Organismus, dem Wirt, entnehmen. Wir finden sie besonders bei Bakterien und Pilzen. Manche von ihnen vermögen saprophytisch zu leben, bis sie Gelegenheit haben, einen Wirt zu befallen. Eine Reihe von Angiospermen schmarotzt auf anderen Angiospermen. Einige von ihnen sind grün und vermögen wenigstens zeitweise autotroph zu leben (Halbparasiten). Sie sind durch besonders umgestaltete Sprosse oder Wurzeln (Haustorien) meist an das Xylem der Wirtspflanzen angeschlossen, während die nicht grünen Vollparasiten sowohl aus dem Xylem als auch aus dem Phloem Substanzen abziehen (Abb. 103). Die Vollparasiten sind meist eng an bestimmte Wirtsarten gebunden.

Saprophytismus. Saprophyten sind wiederum besonders häufig bei Bakterien und Pilzen. Manche von ihnen können ein breites Spektrum von Substanzen angreifen, bei anderen ist die Enzymausstattung begrenzter, sie sind auf bestimmte Substanzen spezialisiert. Gerade die Spezialisten sind unersetzliche Glieder in den Nahrungsketten, da sie dafür sorgen, daß selbst extrem schwierig abzubauende Stoffe (Lignin, Suberin u. a.) im Laufe der Zeit in den Ökosystemen wieder umgesetzt werden.

Symbiose. Als Symbiose bezeichnet man das ständige oder zeitweise Zusammenleben zweier Organismen in einer morphologischen Verbindung, von der beide Partner einen Vorteil haben. Meist handelt es

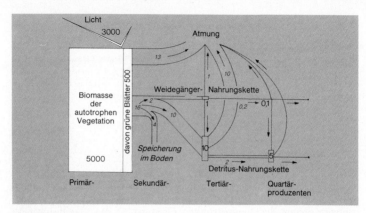

Abb. 102. Nahrungsketten, Biomasse der Organismengruppen in kcal/m^2 (senkrechte Zahlen) und Energiefluß in kcal/m^2 · Tag (kursive Zahlen) in einem Waldökosystem (nach Odum).

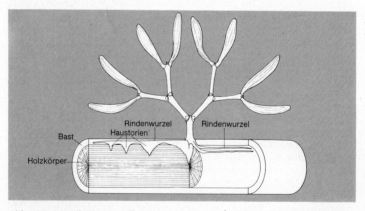

Abb. 103. Mistel *(Viscum album)* auf dem Ast eines Wirtes, der links im Längsschnitt, rechts in Aufsicht mit teilweise entfernter Rinde dargestellt ist (nach Goebel und Troll aus Nultsch).

sich um einen autotrophen und einen heterotrophen Partner. Sind die gegenseitigen Stoffwechselbeziehungen nicht genau genug bekannt, so läßt sich der symbiontische Charakter einer Beziehung doch daran erkennen, daß nicht einer der Partner einseitig eine schwere Schädigung erfährt.

Symbiosen zwischen Bakterien und höheren Pflanzen bestehen in Form der Wurzelknöllchen. Am bekanntesten sind die der Leguminosen (Abb. 104). Bei ihnen lebt *Rhizobium radiciola* in einem von der Leguminosenwurzel nach Infektion gebildeten knöllchenartigen Gewebe. Werden die Bakterien von der Samenpflanze mit organischen Stoffen versorgt (die z. T. nach Absterben der Bakterien wieder in diese zurückkehren), so bindet *Rhizobium* den Stickstoff der Luft und versorgt die Pflanze mit N-Verbindungen. Ähnliche Knöllchen mit Actinomyceten als Symbionten finden sich bei Holzgewächsen (z. B. Erle, Sanddorn), andere Bakterien leben symbiontisch in den Blättern mancher tropischer Pflanzen (vgl. auch die Symbiose bei Flechten, Seite 147).

Häufig ist eine Symbiose zwischen Pilzen und Kormophyten-Wurzeln in Form der *Mykorrhiza*. Bei der ektotrophen Mykorrhiza umspinnt der Pilz die Wurzel mit einem dichten Myzel und sendet Hyphen in die Interzellularen bis an die Endodermis heran. Diese Form ist bei sehr vielen Pflanzen verbreitet. Seltener ist die endotrophe Mykorrhiza, bei der die Hyphen auch im Inneren der Rindenzellen wachsen. Der Pilz erhält

Abb. 104. Wurzeln der Bohne *(Phaseolus vulgaris)* mit Wurzelknöllchen.

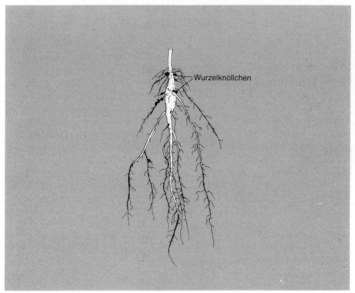

vom autotrophen Partner organische Substanzen, denen er seinerseits Wasser und Mineralstoffe (vielleicht aber auch spezielle organische Substanzen) zuführt.

In vielen Fällen dürften Symbiosen auf eine ursprünglich parasitische Beziehung zurückgehen, die dann in ein Gleichgewicht eingemündet ist, das beiden Partnern nützt. Symbiose, Parasitismus und Saprophytismus sind durch Übergänge miteinander verbunden. Manche Parasiten können fakultativ wenigstens zeitweise saprophytisch leben, und auch von den in der Natur obligaten Parasiten lassen sich einige auf geeigneten Nährmedien saprophytisch kultivieren (theoretisch ist dies von allen anzunehmen). Manches symbiontische Verhältnis neigt sich mehr zu Gunsten eines Partners und damit dem Parasitismus zu. Wohl bei allen Pflanzen kann man annehmen, daß sie im stofflichen Austausch mit anderen stehen, und zwar nicht nur im Rahmen von Nährstoffkreisläufen, sondern auch durch Verbindungen zwischen den Wurzelsystemen von Bäumen u. a. Auch bei den Autotrophen besteht häufig die Fähigkeit, zusätzlich zur Photosynthese organische Nährstoffe aufzunehmen (Mixotrophie), die in den Böden und Gewässern, wenn auch in geringer Menge, angeboten werden. Manche lassen sich sogar ebensowohl autotroph als heterotroph kultivieren (Amphitrophie). Obligate Autotrophie ist danach vielleicht gar nicht allzu häufig.

3.3   Beziehungen zwischen Pflanze und Tier

Für die generative Entwicklung vieler Pflanzenarten, nämlich die Bestäubung und die Samenverbreitung, sind Tiere unverzichtbar.

Auf die Beziehungen in den Nahrungsketten wurde schon hingewiesen. Pflanzenfressende Tiere sind als Sekundärproduzenten konstituive Bestandteile wohl aller Ökosysteme. Von ihnen pflegt man in der Regel nur die kleineren, die einen wesentlichen Teil ihrer Entwicklung an und in Pflanzen durchmachen, als Parasiten zu bezeichnen. Umgekehrt parasitieren viele pflanzliche Organismen in Tieren, besonders die pathogenen Bakterien und Pilze. Der Schaden für den Wirtsorganismus beruht hier oft nicht nur auf dem Entzug von Substanzen, sondern auch auf der Abgabe von Stoffwechselgiften.

Symbiosen zwischen Pflanzen und Tieren sind ebenfalls häufig. Manche Protozoen und Polypen leben mit einzelligen, autotrophen Algen (Zoochlorellen) in Symbiose, die ihnen organische Substanzen liefern. Beziehungen rein heterotrophen Charakters sind die Symbiosen zwischen Tieren und Bakterien (Darm-, Magen- und Mundflora usw.).

Eine besondere Beziehung zwischen Pflanzen und Tieren besteht bei den fleischfressenden Pflanzen, den Insektivoren. Hier werden Tiere durch umgestaltete Blattorgane entweder mit Hilfe klebriger Drüsen oder durch sinnreich ausgebildete Fallen gefangen. Die tierischen Substanzen werden dann durch aus Drüsenzellen nach außen abgegebene pflanzliche Enzyme (Ektoenzyme) zu pflanzenaufnehmbaren niedermolekularen Stoffen abgebaut.

3.4 Beziehungen zwischen Pflanze und Mensch

Am Beginn dieses Bandes wurde festgestellt, daß sehr vielfältige Beziehungen zwischen Pflanze und Mensch Ausgangspunkt für die Fragestellungen der wissenschaftlichen Botanik waren. Im Rahmen der hier beabsichtigten Einführung interessieren nur die Beziehungen, die mit einem quantitativ bedeutsamen Stoff- und Energieaustausch verbunden sind. Auf sie soll zum Abschluß eingegangen werden.

3.4.1 Nutzung von Pflanzen durch den Menschen

Wie jeder heterotrophe Organismus ist der Mensch abhängig von der Primärproduktion der autotrophen Pflanze. Diese Abhängigkeit ist vom Menschen in zahlreiche Nutzungsformen differenziert worden, die wesentlich zur Gestalt der Vegetation der Erde beigetragen haben. Zunächst beschränkte sich das Sammeln von Pflanzenteilen, die zur Nahrung oder für handwerkliche Tätigkeiten (Kleidung, Bau) benötigt wurden, auf Wildpflanzen der vorhandenen Phytozönosen. Der Ackerbau (mit seinen späteren Begleiterscheinungen wie Obst- und Gartenbau) konzentrierte die Nutzung auf bestimmte, planmäßig angelegte Phytozönosen. Eine Zwischenstufe ist die Ernte von in großen Beständen vorkommenden Wildarten. Schon bald genügten die in der Wildflora vorhandenen Arten nicht mehr, sondern der anbauende Mensch griff auch in die Evolution von Arten ein. Von den Evolutionsmechanismen sind vor allem die Selektion und die (zufällige) Bastardisierung beteiligt. Eine eigentliche Pflanzenzüchtung wurde erst sehr viel später betrieben. Hier stand im 19. Jahrhundert eine planmäßige Selektion im Vordergrund, im 20. Jahrhundert kam eine planmäßige Kreuzung und schließlich eine experimentelle Auslösung von Mutationen hinzu. Die Flora wurde auf diese Weise durch zahlreiche Kulturpflanzen bereichert. Sie unterscheiden sich von Wildpflanzen durch größeren Wuchs, der häufig mit Polyploidie verbunden ist. Vergrößert sind insbesondere die nutzbaren Teile (Abb. 105, Seite 178), deren Zahl auch vermehrt ist, wobei die Vegetationsdauer oft verkürzt ist. Häufig ist die Fähigkeit zur geschlechtlichen Fortpflanzung verringert. Schließlich verändert die Züchtung auch die chemische Zusammensetzung von Pflanzen; Erhöhung des Proteingehaltes, Verlust von Gift- und Bitterstoffen (bei eßbaren Früchten), die Blütenfarbe (bei Zierpflanzen) und viele andere „Qualitätsmerkmale" wären hier zu nennen. Indirekt hat die Bildung

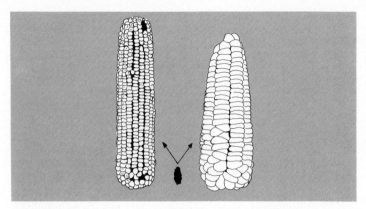

Abb. 105. Veränderungen einer Kulturpflanze in relativ kurzer Zeit: Eine etwa 5600 Jahre alte, verkohlte Maisspindel aus der Bat cave (New Mexico) im Vergleich zu einem heutigen Kolben aus dem Maisgebiet (Cornbelt) der mittleren USA (links) und einem Kolben von großkörnigem Stärkemais aus Peru (rechts) (aus MANGELSDORF 1958).

neuer Phytozönosen auch zur Evolution neuer Wildpflanzen (z. B. mancher Acker- und Gartenunkräuter) Anlaß gegeben.

Die wichtigste Ausnutzung ist die Ernährung, direkt oder indirekt auf dem Wege über die Fütterung der Haustiere. Hier kommen die Stärke- und Eiweißpflanzen (Getreide, Leguminosen, Kartoffeln und andere Knollenpflanzen, Zuckerrüben und Zuckerrohr), die Ölpflanzen (Lein, Raps, Sojabohne, Erdnuß, Kokospalme, Ölpalme, Ölbaum, Baumwolle, Sonnenblume), Obst- und Gemüsepflanzen und Lieferanten von Genußmitteln (Kaffee, Kakao, Tee, Tabak) in Frage. Die übrigen Nutzungsformen beruhen z. T. heute noch auf Wildarten oder sind in wesentlich geringerem Maße auf Züchtung aufgebaut. Hier sind zu nennen die zahlreichen Drogen- und Gewürzpflanzen, die Lieferanten von pflanzlichen Rohstoffen sowie die biotechnologisch genutzten Mikroorganismen (z. B. Hefen, Schimmelpilze, Algen).

3.4.2   Unbeabsichtigte Wirkungen des Menschen auf Pflanzen

In der Nutzung der Kulturpflanzen (im weitesten Sinne) liegt eine absichtsvolle, gelenkte Beziehung zwischen Pflanzen und Mensch vor. Der Mensch wirkt aber noch auf vielfach andere Weise auf Pflanzen ein mit – oft unbeabsichtigten – Nebenwirkungen von Tätigkeiten, die eigentlich anderen Zwecken dienen. Schon die Maßnahmen beim Anbau von

Kulturpflanzen wie Bodenbearbeitung, Düngung und die Bekämpfung von Unkräutern, pflanzlicher und tierischer Schädlinge mit chemischen und anderen Mitteln, greifen weit über ihren Anwendungszweck hinaus. Sie beeinflussen benachbarte Phytozönosen und verändern, da auch die Zoozönosen, Boden-, Wasser- und z. T. Klimaverhältnisse betroffen sind, ganze Ökosysteme. Diesen schon lange bestehenden Wechselwirkungen schließen sich neue an. Das industrielle Zeitalter, das nicht zuletzt auf der Ausnutzung früherer pflanzlicher Produktion in Form von Kohle und Erdöl basiert, schafft mit seinen ausgedehnten Baumaßnahmen neue Biotope, so daß sich neue Ökosysteme entwickkeln. Viele Prozesse, die der Absicht nach mit Pflanzen nichts zu tun haben, wie die Arbeit der chemischen Industrie, die Automobilproduktion, die Benutzung von Streusalz im Winter und andere, wirken sich vegetationsverändernd aus. Durch diese und besonders durch die große Menge von Abfallstoffen, die häufig giftig sind, und die große Menge von Abgasen (CO_2, O_3, SO_2, Cl_2, HF usw.) kommt es häufig zu direkten oder indirekten Schäden. Auch unter solchen Umständen gibt es im großstädtisch-industriellen Bereich leistungsfähige wildwachsende Pflanzenarten, Ruderalpflanzen. Sie bilden Phytozönosen in vom Menschen extrem stark bestimmten Ökosystemen (= Ökosystemen hoher Hemerobie, s. Seite 166). Die Auswirkungen haben inzwischen globale Ausmaße angenommen. Der Mensch ist damit nicht mehr Glied bestimmter Ökosysteme (vgl. dazu Abb. 98), sondern schafft selbst neue und steht mit wohl allen Ökosystemen der Erde in Stoff- und Energieaustausch. Wichtig ist es daher, Struktur, Stoff- und Energiehaushalt der heutigen Ökosysteme genau zu kennen, um Voraussagen über die Veränderungen machen zu können, die bei Einsetzen bestimmter Einflüsse eintreten werden. An dieser Stelle hat die Botanik wichtige ökologische Argumente zu liefern, in welcher Richtung die Weiterentwicklung der menschlichen Gesellschaftsformen gehen soll.

Quellenangaben

Abbildungen

BÖHNING, R. H., and C. A. BURNSIDE: Amer. J. Bot. 43, 557–561. 1956: 60:

BRAUNE, W., A. LEMAN und H. TAUBERT: Pflanzenanatomisches Praktikum. VEB G. Fischer, Jena 1967: 68.

BÜNNING, E.: Entwicklungs- und Bewegungsphysiologie der Pflanze. Springer, Berlin, 3. Aufl. 1953: 22.

BUTTERFASS, Th.: Wachstums- und Entwicklungsphysiologie der Pflanze. Quelle & Meyer, Heidelberg 1970: 52.

ELLENBERG, H.: Bodenreaktion (einschließlich Kalkfrage). Handbuch der Pflanzenphysiologie IV, 638–708, 1958: 100.

ELLENBERG, H.: Vegetation Mitteleuropas mit den Alpen. Ulmer, Stuttgart 1963: 101.

ENGLER, A.: Syllabus der Pflanzenfamilien Bd. II. Gebr. Bornträger, Berlin-Nikolassee 1964: 95, 96, 97.

ESAU, K.: Pflanzenanatomie. G. Fischer, Stuttgart 1969: 42.

GREULACH, V. A., and J. E. ADAMS: Plants. An introduction to modern Botany. Wiley, New York, London, Sydney, 2nd ed. 1967: 23.

HESS, D.: Pflanzenphysiologie (UTB 15). Ulmer, Stuttgart 1970: 57.

HESKETH, J., and D. BAKER: Crop. Sci. 7, 285–293. 1967: 60.

KARLSON, P.: Kurzes Lehrbuch der Biochemie. Thieme, Stuttgart, 7. Aufl. 1970: 32.

KAUSSMANN, B.: Pflanzenanatomie. VEB G. Fischer, Jena 1963: 17, 18, 19, 56, 67, 69, 70.

LAUER, E.: Flora 140, 551–595. 1953: 38.

LEHMANN, H., und D. SCHULZ: Die Pflanzenzelle (UTB 558). Ulmer, Stuttgart 1976: 9.

LEHNINGER, A.: Bioenergetik. Thieme, Stuttgart 1969: 14.

LORENZEN, H.: Physiologische Morphologie der Höheren Pflanzen (UTB 65). Ulmer, Stuttgart 1972: 73.

LÜTTGE, U., M. KLUGE, G. BAUER: Botanik. Ein grundlegendes Lehrbuch. Verlag Chemie, Weinheim 1988: 51.

MANGELSDORF, P. C.: Reconstructing the ancestor of corn. Proceedings of the American Philosophical Society 102, 454–463, 1958: 105.

MENGEL, K., and E. A. KIRKBY: Principles of plant nutrition. Internat. Potash Inst. Berne, Switzerland 1978: 46.

MOHR, H.: Lehrbuch der Pflanzenphysiologie. Springer, Heidelberg, Berlin, New York, 2. Aufl. 1971: 5, 31, 36.

NULTSCH, W.: Allgemeine Botanik. Thieme, Stuttgart, 4. Aufl. 1971: 8, 12c, 24, 43, 62.

ÖDUM, E. P.: Ökologie: Bayer. Landwirtschafts-Verlag, München, Basel, Wien 1967: 102.

RÜNGER, W.: Blütenbildung und Blütenentwicklung. Parey, Berlin und Hamburg 1971: 72.

SACHS, J.: Handbuch der Experimental-Physiologie der Pflanzen. Engelmann, Leipzig 1865: 38.

SCHLEGEL, H. G.: Allgemeine Mikrobiologie. Thieme, Stuttgart 1969: 84.

SCHMEIL, O., und A. SEYBOLD: Lehrbuch der Botanik. Quelle & Meyer, Heidelberg, 52. Aufl. 1944: 64, 65.

SINNOTT, E. W.: Botany: Principles and problems. McGraw Hill, New York, 4. Aufl. 1964: 61.

STEWARD, F. C.: Pflanzenleben. Hochschultaschenbücher-Verlag Mannheim 1969: 63, 71.

STRAKA, H.: Arealkunde. Ulmer, Stuttgart 1970: 99.

STRASBURGER, E.: Lehrbuch der Botanik für Hochschulen. G. Fischer, Jena, 18. Aufl. 1931: 4.

STRASBURGER, E.: Lehrbuch der Botanik für Hochschulen. G. Fischer, Stuttgart, 30. Aufl. 1971: 3, 7, 15, 34, 40, 44, 47, 49, 88, 89.

WALTER, H.: Grundlagen des Pflanzenlebens. Ulmer, Stuttgart, 4. Aufl. 1962: 13, 35, 37, 66, 75, 77, 78.

WEBERLING, F., und H. O. SCHWANTES: Pflanzensystematik (UTB 62). Ulmer, Stuttgart 1972: 95, 96, 97.

WEIER, T. E., C. R. STOCKING and M. G. BARBOUR: Botany. An Introduction to Plant Biology. J. Wiley & Sons Inc., New York – London – Sydney – Toronto, 4. Aufl. 1970: 32.

Originalzeichnungen von E. K. HEIDEKLANG, Berlin (Institut für Ökologie): 1, 2, 4, 30, 39, 41, 45, 48, 53, 54, 55, 58, 74, 79, 80, 81, 82, 83, 85, 86, 87, 90, 91, 92, 93, 94, 103, 104.

Sonstige Originalzeichnungen: 6, 10, 11, 12a und b, 16, 20, 21, 25, 26, 27, 28, 29, 50, 59, 76.

Tabellen

BAUMEISTER, W.: Die Aschenstoffe. Handbuch der Pflanzenphysiologie 4, 5–36. Springer, Berlin, Göttingen, Heidelberg 1958.

KAUSCH, W., und F. EHRIG: Beziehungen zwischen Transpiration und Wurzelwerk. Planta 53, 434–448, 1959.

LATSHAW, J. L., and E. C. MILLER: Elemental composition of the corn plant. J. Agric. Res. 27, 845–860, 1924.

MALCOLM, W. M.: Biological interactions. The Botanical Review 32, 243–254, 1966.

SLAVIKOVA, J.: Die maximale Wurzelsaugkraft als ökologischer Faktor. Preslia 37, 419–428, 1965.

Sachregister

Halbfett gedruckte Ziffern beziehen sich auf ausführliche Erwähnungen, mit Sternchen* versehene Seitenzahlen verweisen auf Abbildungen.

UTB
FÜR WISSEN
SCHAFT

Auswahl Fachbereich
Botanik

Kreeb: Vegetationskunde
UTB-GROSSE REIHE
(Ulmer). 1983. DM 64,--

14 Walter: Vegetation und
Klimazonen
(Ulmer). 6. Aufl. 1990. DM 29,80

15 Heß: Pflanzenphysiologie
(Ulmer). 8. Aufl. 1988. DM 32,80

62 Weberling/Schwantes:
Pflanzensystematik
(Ulmer). 5. Aufl. 1987. DM 26,80

114 Bornkamm: Die Pflanze
(Ulmer). 3. Aufl. 1990. Ca. DM 19,80

232 Larcher: Ökologie der Pflanzen
(Ulmer). 4. Aufl. 1984. DM 29,80

233 Hubbard: Gräser
(Ulmer). 2. Aufl. 1985. DM 32,80

269 Wilmanns: Ökologische
Pflanzensoziologie
(Quelle & Meyer). 4. Aufl. 1989.
DM 34,80

284 Walter: Allgemeine Geobotanik
(Ulmer). 3. Aufl. 1986. DM 23,80

595 Mühlenberg: Freilandökologie
(Quelle & Meyer). 2. Aufl. 1989.
DM 29,80

888 Steubing/Schwantes:
Ökologische Botanik
(Quelle & Meyer). 2. Aufl. 1987.
DM 32,80

941 Knauer: Vegetationskunde
und Landschaftsökologie
(Quelle & Meyer). 1981. DM 29,80

1062 Wirth: Flechtenflora
(Ulmer). 1980. (Nachdruck 1989).
DM 29,80

1197 Libbert: Allgemeine Biologie
(Gustav Fischer). 6. Aufl. 1988.
DM 28,80

1250 Frahm/Frey: Moosflora
(Ulmer). 2. Aufl. 1987. DM 32,80

1266 Vogellehner: Botanische
Terminologie und Nomenklatur
(Gustav Fischer). 2. Aufl. 1983.
DM 16,80

1344 Borriss/Libbert (Hrsg.):
Wörterbücher der Biologie:
Pflanzenphysiologie
(Gustav Fischer). 1985. DM 34,80

1386 Mayer: Europäische Wälder
(Gustav Fischer). 1986. DM 32,80

1418 Probst: Biologie der Moos-
und Farnpflanzen
(Quelle & Meyer). 2. Aufl. 1987.
DM 34,80

1431 Jacob/Jäger/Ohmann: Botanik
(Gustav Fischer). 3. Aufl. 1987.
DM 34,80

1476 Schubert/Wagner:
Botanisches Wörterbuch
(Gustav Fischer). 9. Aufl. 1988.
DM 32,80

1522 Natho/Müller/Schmidt:
Wörterbücher der Biologie:
Systematik und Morphologie der
Pflanzen
(Gustav Fischer). 1990.
2 Bände zusammen ca. DM 38,80

Preisänderungen vorbehalten.